CHINESE THREE-LINE POETRY
THEORY AND TECHNIQUES

中国三行诗理论与技巧

徐英才
XU YINGCAI

CHICAGO ACADEMIC PRESS

Chinese Three-Line Poetry Theory and Techniques
Author: Xu Yingcai
Publisher: Chicago Academic Press, October 18, 2023
ISBN 979-8-8689-1888-9

书　名　中国三行诗理论与技巧
作　者　徐英才
出版社　芝加哥学术出版社　2023 年 10 月 18 日
书　号　979-8-8689-1888-9

Publishing　Chicago Academic Press
Chicago Illinois
E-mail　contact@chicagoacademicpress.com
Website　http://chicagoacademicpress.com/

Book Size　6X9 inches
First Edition October 18, 2023

作者：徐英才

Author: Xu Yingcai

作者简介

徐英才

大学教师、翻译家、诗人。他曾在中国复旦大学、加拿大麦克马斯特大学、美国德堡大学授课，主讲过古现代汉语、古现代中国文学、中国电影史、中国书法理论与实践、汉英英汉翻译理论与实践等课。他出版过的译著有《英译唐宋八大家散文精选》《英译中国当代美文选》《英译中国经典散文选》《英译中国经典古诗词 100 首》《中国经典文化走向世界丛书散文卷三》《换言之》等。他的译著有被当作国礼送往国外的，有被用作大学教材的。他的翻译原则是准确、传神、浑然。他出版过的诗集有《徐英才诗选》《徐英才三行诗一百首》《江南诗意》《来自大自然的灵感》等。他的诗歌理念是：语言朴实优美、诗意盎然形象，言自心声、言之有物，力求营造隽永的意境，努力让作品闪光。他是华人诗学会的创办人与会长，汉英双语纸质诗刊《诗殿堂》的创办人与总编。

About the Author

Xu Yingcai

Yingcai Xu is a university professor, translator, and poet. He has taught at Fudan University in China, McMaster University in Canada, and DePaul University in America, where he has lectured on topics such as Classical and Modern Chinese languages, Classical and Modern Chinese Literature, Chinese Cinema, Chinese Calligraphy Theory and Practice, and Chinese-English/English-Chinese Translation Theory and Practice. He has published translated works including "A Selection from the Eight Great Prose Masters of the Tang and Song Dynasties," "Selected Words of Contemporary Chinese Prose," "Selected Works of Classical Chinese Prose," "One Hundred Classic Chinese Poems," "Chinese Classic Culture Going Global Series: Essays Volume Three," and "In Other Words," among others. His translated works have been presented as national gifts to foreign countries and have been used as university textbooks. His translation principles are "accuracy," "fidelity," and "cohesion." He has also published poetry collections, including "Selected Poems by Xu Yingcai," "One Hundred Three-Line Poems by Xu Yingcai," "Poetic Sense of the South," and "Inspiration from Nature." His poetic philosophy centers around simplicity and beauty of language, vivid and poetic imagery, sincerity of expression, and substance in content. He strives to create enduring artistic moods and endeavors to make his works shine. Yingcai Xu is the founder and president of the Chinese Poetry Society and the founder and chief editor of the bilingual Chinese-English poetry journal "Poetry Hall " in print.

本书旨在促进中国三行诗事业，
谨此献给广大的中国三行诗爱好者！

前 言

我常思忖，我们写微诗，为何写着写着，就把其中的绝大多数写成了三行？这其中难道没有原因吗？这其中会不会有某种力量在牵引我们的笔、我们的思、我们的心？于是，我开始研究。我越是研究，就越是觉得，这里面确实大有奥妙，这其中确实有一种力量在牵引我们的笔、我们的思、我们的心。这个力量，就是“三”这个数字。正如我在本书第四章《三行诗的属性》里所指出的那样：

三行，是表现诗之题材的最细小但又最完整的单位；

三行，是表现诗之题材的最稳定但又最具灵活性的单位；

三行，是表现诗之题材的最凝练但又最具繁衍性的单位。

三行诗，是诗里最利于简洁明快地且又章节完整无缺地表现主题的一种形式！这就是为什么我们写微诗写着写着就把它写成了三行的原因，这就是为什么三行诗自其兴盛以来在中国经久不衰的原因，这就是为什么我们应该大力推崇它的原因。

中国三行诗，具有强大的表现力，几乎可以用来表现任何题材，比如立意、言志、造境、营势、渲染、描景、写意、塑形、拼图、言趣、说心等等。如此之诗型，如不加以传扬，实属一种浪费。本书的推出，旨在为中国三行诗的事业抛砖引玉、添砖加瓦，希望以后更多更成熟的有关三行诗的著作出现。

任何一本专著，首先必须建立一套理论根据。本书的前九个章节，专门阐述了三行诗的理论基础，其中包括三行诗的定义、属性、表现力、以及它与其它类似诗型的区别等等。任何一本专著，在其理论的基础上，都应该能够付诸实践，举有实例。本书的后三十多个章节，专门例举了三行诗的一些创作技巧，其中包括抽象与实像的转换、空间与时间的压缩、抑扬与扬抑的变化等等。

诗之贱在于陈词滥调，诗之贵在于推陈创新。但万里路途，始于脚下；通天大厦，立于地基，没有为了鉴往知来、触类旁通而勤于学习、反复耕耘练就的扎实基本功，舞场里哪有曼妙舞姿，钢琴上哪有悦耳音乐？必须指出的是，本书所例创作技巧，并非为读者依样画葫芦提供样本，而是为他们练就举一反三的本领提供一个参考。待到他们练得熟能生巧、炉火纯青时，自有山花烂漫，海棠悦目。

从创作的视角看，中国三行诗外形之轻盈灵巧、结构之严谨缜密，仿佛像运动员的一个跳远过程：起跑，踏板，弹跳——然后是诗的远方！这个过程，用本书的专用术语来表述，就是：呈现对象，具化对象，升华对象；用写作的常用说法来表述，就是：呈现诗的叙述对象，描写这个对象，然后升华这个对象。升华时，我们或者揭示作品的主题、或者深化作品的诗意、或者营造作品的意境等等。故，三行诗的创作，是一个有机的连动；三行诗的构造，是一个不可或分的整体。

撰写一本专著，并非易事，且不说梳理书中的逻辑关系需要花费大量时间与精力，书中的每一条理论、每一个技巧，都必须要有足够的实例支撑才具说服力。但要找到足够多的恰到好处的例子并不容易。我虽深知引用他人的例子远比引用自己的例子更具说服力，但为了解决资料有限的问题，有时不得不勉强为之。令人欣慰的是，在可能的情况下，我自己的例子总是作为他人的辅助出现。

借此机会，我谨向在本书中提供引例的作者深表谢意。没有他们的作品，本书只是一只空中阁楼！值得指出的是，本书引用的三行诗，几乎首首都是精品。如果本书碰巧把您的作品引作反例，为了中国三行诗的事业，希望您能够理解。虽然这类例子在本书中少到屈指可数，那都是为了说明问题不得不为之。

再次强调，本书的出版，旨在为蓬勃的中国三行诗事业抛砖引玉，添砖加瓦，希望读者倍加爱护与传扬。因资料所限，时间仓促，错误之处在所难免，望读者原谅。

徐英才　2023 年 7 月 14 日

目 录

卷一

理论篇

一、从外部形式看什么是三行诗

中国三行诗，简称三行诗，指的是用汉语创作的行数为三行的诗。它不指汉俳，也不指用汉语仿写的西语三行诗或者日本俳句。它专指按照中国三行诗的要求写成的诗。

三行诗属于中国新诗范畴中的一种固定诗型。它虽然也属于汉语微型诗，但却不像其它汉语微型诗那样，虽然也被写成了某种行数，比如说一行、两行、四行等等，但这种行数并不具备某种内在的、固定的、系统的结构原理，因此也就并不具备被设定为固定诗型的普遍意义。三行诗被固定在三行，有着充分的、合理的、必要的结构理由。这个问题，我们将留在下一章讨论。这里仅仅讨论三行诗的外部形式问题。

所谓三行诗，顾名思义，就是用三行文字写出来的诗。其中有按意分行的，也有断意分行的。所谓断意分行，就是把一个完整的意思一裁为二，或者为三。但无论怎样分行，它都必须是三行。三行诗都带有标题。从形式上说，三行诗的标题另设于三行之外；但从内容上来说，三行诗的标题可以入诗，也可不入。所谓可以入诗，就是指标题在含义上可以衔接到首行文字前面去。为了自由组合文字、灵活运用词语，三行诗不需押韵。三行诗一般不超过三十个字。当然，如有必要，稍微超出几个字也未尝不可。但是，如果字数太多，就会显得臃肿，违背了三行诗定型于三行是为了言简意赅、小巧意丰的本意。

三行诗表现力极其丰富，可以用来立意、言志、造境、营势、渲染、描景、写意、塑形、拼图、言趣、说心等等，几乎什么都可以写。但不论它表现什么，一首上乘的三行诗，一定是以小见大，以微出彩，用一粒纤细的沙粒来反映纷繁复杂、广袤无垠的大千世界。因此，三行诗以小巧轻盈为美，重在用最简练的文字表达最深刻的内涵，激发最深广的外延，即尽精微而致广大，具有深厚的言外之要素以及审美之纵深。如果把三行诗写得洋洋洒洒，褚小杯大，那还不如把它拆写成非三行诗。一首三行诗，必须是一个浑然的有机整体，就像一个生物体，具有不可或分的统一性，不能叮叮当当拖挂着身外之物。艾伦 . 泰特就曾经说过，“张力是诗歌的生命”。三行诗因为瘦小，因此更是如此。一首三行诗，如果仅仅只表达了三行文字的表面含义，它就没有存在的理由。一首没有张力的三行诗，是一首没有生命的作品。

下面这几首作品，都属于三行诗。

例1.

翅膀

左手拉着爸
右手拉着妈
我是一只会飞的鸟
(徐英才)

这首三行诗，标题独立，没有入诗；内容部分共三行，每行一个意思，即按意分行。全诗共 18 个字，用至简的文字描绘了一幅喻意深厚的图画：一个孩子一只手拉着父亲，一只手拉着母亲，从背后远远看去就像一只会飞的小鸟。它以画喻意，揭示了和睦家庭就像给孩子插上了翅膀那样有利孩子成长的主题思想；它的言外之意就是，离异家庭就像折断了羽翼的孩子那样不利孩子的成长。

例2.

谎言

像光滑的气球
它一旦飞高了
便会不攻自破
(阿丁)

这首三行诗，标题入诗："谎言/像光滑的气球"。内容部分也是三行，每行也是一个意思，第二和第三行虽然是一个完整句子的对折，但也是按小节的含义分开的："它一旦飞高了/便会不攻自破"，因此也属于按意分行。这首诗全长也是18 个字，用生动的意象道破了一个真理：谎言乍看虽然光鲜（像光滑的气球），一旦吹过头了（一旦飞高了），就会暴露无疑（便会不攻自破）。

例3.

夹缝的树

东扭西拐　寻找
光明　虽其貌不扬
心里　却活着太阳
(残文)

这首三行诗，标题也直接入诗："夹缝的树/东扭西拐"。内容部分也是三行，但主要采用了断意分行的方法，比如第一行里的"寻找"跟下一行的"光明"本可以连成句："寻找/光明"，现在拆开了，所以是断意分行。这首诗全长 20 个字，生动形象地描述了一棵外形虽然扭曲，但内心却充满阳光的树，喻意恶劣的环境并不能阻挡人的美好向往。

这里引用的三首三行诗的共同特点就是言简意赅，形象生动，意在言外，贵在联想，每一首都是一个浑然有机的整体，没有叮叮当当的赘肉。

二、从内在结构看什么是三行诗

从创作层面来分析，很多固定诗型，除其外部形式外，还有内在结构。比如中国的绝句，除其外部的格律外，还有内在的起承转合之说；日本的传统俳句，除其十七音、季语、切字的外部形式外，还有两个基层一个刺点之说，等等。同理，中国三行诗，除其外部的标题加三行之形式外，还有内在的三段法。

三行诗的三段法是：呈现对象、具化对象、升华对象。它是一个有机体的整体，像体育运动里的跳远过程：起跑（呈现对象），踏板（具化对象），弹跳（升华对象）——直至诗的远方。三行诗的标题加三行，实际是四行，而三行诗的三段法实际是三个步骤，一个四，一个三，看上去仿佛不甚吻合。但是，三行诗为了把作品送入更高层次，常常不是采用两行来具化对象就是采用两行来升华对象。因此，三行诗的内在核心（三个步骤里其中一个含两行）与它的外部形态（三行加一个标题）是一个天衣无缝的吻合。

中国三行诗，源于非三行的中国现代诗，所以，它既具有与之相同的共性，也有与之不同的个性。这个共性，就是上面所说的诗的三大创作要素：呈现对象、具化对象、升华对象。

所谓“呈现对象”，就是为作品选择叙述对象后把它呈现出来，也就是确立作品所要写的核心对象是什么。如果写物，是写天空还是写大海，是写骏马还是写耕牛等等；如果写事，是写学习还是写游玩，是写告白还是写忘情等等。三行诗里的叙述对象，大多出现在标题里，也有出现在三行的内容部分。

所谓“具化对象”，就是说，在你选定并呈现出诗歌的叙述对象后，你对这个被选中的对象进行具体描写，或指出它所从事的活动，或说明它所承受的动作，或置它于某种环境，或揭示它的某个特征，或对它做一些相关的描写等等，为最后的升华做准备。譬如你写月亮这个对象时，在三行诗里，因篇幅短小的缘故，你一般不会也不可能像中长诗那样去详尽地描写它、刻画它，而是在一或两行的范围里直截了当地具象化它，或描写它正在从事带有怀乡之情的活动，说它从家乡跑来，为升华它的乡愁意义做准备；或揭示它富含中国文化内涵的特征，说它圆而亮，为升华它的团圆思想做准备；或置它于象征情爱的万云缠绕环境中，说它绝不他顾而一心为追寻远方的心上人不停地奔跑，为升华它的纯洁爱情之象征做准备，等等。

所谓“升华对象”，当然就是临门一脚，或揭示它的主题，或深化它的诗意，或强化它的意境等等，使作品跃然纸上。升华主题，对于三行诗来说至关重要。没有主题的升华，从内在结构来说，就不是三行诗。三行诗，毕其功于一役，为的就是这个升华。所谓毕其功于一役，意思就是说，你呈现出作品的叙述对象并对它进行具体化的描写的目的，就是为了升华它以达到你的创作意图。如果把三行诗里呈现对象与具化对象比成播种育苗，那么，升华对象就是开花结果。在三行诗里，播种育苗后都需要开花结果，它不可或缺。

创作结构上的这三大诗之要素，在三行诗里虽然常常按部就班、循序渐进地出现，诗人有时也会打破套路，不按次序来写。但无论怎样写，它一般都离不开这个结构上的三步骤。离开了，一般来说，不是这首三行诗不够完整，就是还可以续写。三行诗，应该是一个实实在在的有机整体。作为一个有机整体，那就既不能缺少点什么，也不应该赘出点什么。

上面是三行诗与中国现代中长诗（以下简称为“非三行诗”）都具有的共性。那么，三行诗的个性是什么呢？也就是说，三行诗与非三行诗的区别在哪里呢？三行诗虽然源之非三行的中国现代中长诗，但它们的写法却是各有各的特点。一般来说，三行诗与非三行诗在选定并呈现诗歌的叙述对象后，都会对它进行描写。三行诗比较简明扼要直接了当地写，而非三行诗则会比较详细周密尽量俱到地写。一首非三行诗虽然可能只有一个叙述对象，也可能会有多个叙述对象，但作品会从各个方面详尽地描写这个或这些对象，然后综合起这些经过描写刻画的对象来升华它（们）；而三行诗则自成一体，用三行这个短小精悍的形式来迅速简洁地表达出一个诗化的过程。它通常只有一个对象，作品在具化这个对象后，会立即升华它。

因此，这个结构上的三要素，在非三行的中国现代中长诗里是散漫的、中间带有其它参杂的、隐性的；而在三行诗里，它们是集中的、中间一般没有其它参杂的、显性的。

如上所说，三行诗的创作过程，就像一个运动员的跳远过程，首先是起跑，然后是踏板，最后是弹跳。这个概念，用本书的专用术语来表述，“起跑”就是“呈现对象”，“踏板”就是“具化对象”，“弹跳”就是“升华对象”。这个概念，用一般的写作语言来表述，“起跑/选择对象”就是确定你作品的叙述对象，也就是你的作品要写什么东西或者什么事；“踏板/具化对象”就是具体地描写你所呈现的对象，描写后的对象就成了诗的意象；“弹跳/升华对象”，就是揭示作品的主题思想，或者加强它的诗意，或者营造它的意境等等。如果说非三行诗是一只装了葡萄酒的高脚大酒杯，酒精浓度不高，但很细腻，可多倒一些，也可少倒一些，饮用时要慢慢喝，细细品，那么，三行诗则是一只装满了醇厚好酒的精美三脚小酒盅，加一滴则溢，减一滴则损，观之则怡，饮之则后劲十足，回味绵长。

三行诗是一个不可多得的单位细小、内容完整，但极具表现力的现代诗诗型，它使得诗歌的创作不再非得煞费苦心、经久磨砺才能有作品可出。它短小精悍，并不一定非得坐着才能创作。你站着、走着，甚至一边工作就能一边创作，而作品常常会令人耳目一新，惊叹不已，隽永留长。当然，这并不等于说三行诗不需炼字。三行诗由于短小精悍，寥寥数笔就要出彩，所以更需要炼字方能语不惊人死不休。这就是为什么它如此深受广大作者和读者的喜爱与推崇的缘故。

下面，我们来读两首非三行的中国现代新诗，然后再读两首三行诗，检测一下它们各自是否具有上面所说的那三大诗的创作要素，检测一下它们各自的创作过程是否印合了这些要素，以及它们各自的区别。

非三行诗

例1.

叶子和鸟

无翅膀的叶子
飞得再高
只是凭借风的力量

落地的鸟
还会再度飞翔
因为有双翅膀

叶子　本属于大地
鸟儿　才属于天空
（冰花）

这首非三行诗，选择并（呈现）了“鸟”作为自己的叙述（对象），通过对“叶子”因没有翅膀被风吹起后会坠落的现象来反衬“鸟”因有翅膀落地后还会飞起这个（具化）过程，来（升华）作品，即不同物体具有不同属性，有的东西生来属于地面，有的东西生来属于天空，喻意翅膀对人来说是何等重要。从结构层面看，正如括号里所标注的那样，非三行诗的创作过程包括了呈现对象、具化对象、以及升华对象这三个步骤。

例2.

荷花

昨夜
月光下

薰风中
你晃着婀娜的身姿
幻想与心上人同舞
一梦醒来
你依旧孑然一身
在那里
低着头
苦苦等待
默默思念

你纯洁，高贵，惊艳
出污泥而不染
你
不屑与浪荡浮萍为伍
不屑与惹花蜻蜓为伴
在那里
低着头
苦苦等待
默默思念

你等啊等
直到藕身洞孔熬满
你望啊望
直到蓬身满眼望穿
你的白马王子仍旧没有来
你依然一往情深
在那里
低着头
苦苦等待

默默思念

哪怕多事者给你一刀
你也定然藕断丝连
(徐英才)

这首非三行诗，选择并（呈现）了荷花作为自己的叙述（对象），通过对她详尽细致的描写，（具化）出她姣如一位正在苦等白马王子到来的少女的（特征），以（升华）她不与浮萍荡虫同流合污而洁身自好的优秀品质这个（主题思想）。正如上面的括号所标注的那样，从这首诗我们可以看出，非三行诗创作过程具有三大结构要素：呈现对象、具化对象，以及升华对象以达到作者的创作意图。

我们再来读两首题材类似的三行诗，看它们的创作过程是否也印合了诗歌创作的三大要素这一说。显而易见，这两首三行诗是根据上面的两首非三行诗改写而成的，它们虽然是为了说明问题而创作的，但其写作方法则是跟其它的三行诗一模一样、毫无二致。

三行诗

例1.

风与翅膀

起飞后
叶　坠落了
鸟　一直冲向蓝天

（徐英才）

这首三行诗，表面看是选择并（呈现）了“风”与“翅膀”两个意象作为自己的叙述（对象），其实是用“风”来衬托“翅膀”这一个对象。它用“起飞后”三个字设置时间，然后通过其余两行“叶，坠落了/鸟，一直冲向蓝天”的描写，（具化）并同时（升华）了主题：叶子因没有翅膀而坠落，鸟因具有自己的翅膀而直冲蓝天，喻意凡事都要凭借自己的力量。从上面括号所做的标注我们可以看出，三行诗的创作过程也印证了诗歌创作的三大结构要素：呈现对象，具化对象，升华对象。

这首三行诗虽然短小，但它与上面的那首八行的非三行诗《叶子和鸟》所表达的含义几乎完全一样深厚，非三行诗所表达的它都表达了出来。那么，它那么短小，是怎样表达出与那首非三行诗几乎相同的内涵的呢？它是通过“埋设”的创作技巧，把隐藏的含义埋设在具化过程中，只说叶子坠落鸟儿直冲蓝天，而不说为什么，让读者自己去揣摩。这就是三行诗与非三行诗在创作上经常出现的不同之处。三行诗的特点就是丰富的言外之意。

例2.

荷花

本有蜻蜓沾惹，浮萍缠绕
为何总还在月光下轻舞
锲而不舍地等待……
(徐英才)

这首三行诗，选中并（呈现）了荷花作为自己的叙述（对象），通过对荷花的简洁描写“本有蜻蜓沾惹，浮萍缠绕/为何总还在月光下轻舞”，把她（具化）成带有在月光下执着地轻舞就像正在等待她的心上人到来一样的（特征），然后（升华）她成为一个洁身自好、优雅高尚的少女这个（主题思想）。

正如上面括号所做的标注那样，这首三行诗也印合了诗歌创作的三大要素。比之上面那首长为 32 行的非三行诗《荷花》，这首三行诗除了略去了一些细节外，几乎表达了与之完全相同的内涵与主题思想。它是怎么做到的呢？它是通过留白（即不把话说尽从而激发读者自己去思考的创作手法）达到的。在升华对象“为何总还在月光下轻舞/锲而不舍地等待......”时欲言而止，让读者自己去揣摩。

从这两组诗的对比中，我们不难看出，三行诗的创作过程也象非三行诗一样，完全印合了诗的三大创作要素：呈现对象、具化对象，以及升华对象。只不过，三行诗与非三行诗各自的表达方式和艺术效果各不相同。非三行诗，主要是通过对叙述对象多方面详尽细致的描写来刻画出这个对象各方面有利于升华主题的特征，然后再揭示出作品的主题思想。而三行诗则主要是通过对叙述对象的简洁描写，通过埋设、留白，象征等手法来激发读者的想象，让读者自己去发掘作品隐藏的含义。非三行诗见长于让读者细嚼慢咽，慢慢品尝；三行诗擅长于让读者即读即思，回味绵长。非三行诗当然也可以不着一字尽得风流，而三行诗则主要依靠埋设、暗示、留白、象征等手法激发想象来完成作品的创作。

三行诗的精髓和价值在于，它虽然比之非三行诗短小到几个数量级，但其表达的内涵与外延常常与非三行诗同样厚实。三行诗的价值是丰厚的言外之意。这就是三行诗的难能可贵之处；这就是三行诗为什么值得被推广、传送、发扬的道理；这就是三行诗为什么必须被定型为一种固定诗型的缘故。

三、三行诗内在结构之解析

我们从上一章了解到，从创作的角度来看，三行诗有一个叫三段法或者叫三步一曲的内在结构：呈现对象、具化对象、升华对象。三行诗的叙述对象，有时可能是一个物体，我们称之为物象；有时可能是一件事，我们称之为事象。选择并呈现出诗的叙述对象后，我们就会具化它，也就是描写它，或指出它所从事的活动，或说明它所承受的动作，或置它于某种环境，或揭示它的某个特征，或对它做一些相关的描写，等等。在具化的基础上，我们会对它进行升华，或揭示作品的主题，或深化作品的诗意，或强化作品的意境等等。

三行诗创作中采用的这个三段法，很像体育运动中的一个跳远过程：起跑（呈现对象），踏板（具化对象），弹跳（升华对象）——直至诗的远方。我们知道，运动员在踏板弹跳时，常常会猛吸一口气，以运足力量跳得更远。三行诗也恰恰如此，在具化或者升华对象时，也会猛吸一口气，以运足力量把作品送入更高层次。当然，我们所说的三行诗里的这个猛吸一口气，不是指诸如人体那样的吸气，而是指分行以获得间歇，积蓄力量。

三行诗的标题加三行，实际是四行；三行诗的三段法是三个步骤，所以，三行诗的行数与三行诗的三段法并不完全对应，也就是，并不是一行管一个步骤。三行诗在具化对象或者升华对象的某个节点上，为把作品送入更高层次，常常会分行以获得间歇、积蓄力量。它恰如跳远运动员在踏板弹跳时猛吸一口气那样。

为了更全面、更深刻地了解什么是三行诗的内在结构，接下来，我们将解析一些三行诗，以了解它们是否应合这三个步骤。当然，三行诗创作活跃，作品层出不穷，本书并不企图包罗万象，只是列举在结构上具有代表性的那一部分。

(一) 常规手法（三段法按次出现）

例1. 具化时，指出叙述对象所从事的活动

月光

从窗外　泼进来
溅了我一身
唐诗
(肖益人)

<table>
<tr><td>《月光》</td><td>呈现对象： 标题入诗。“月光/从窗外泼进来”。呈现“月光”这个物象为本诗的叙述对象，也就是，本诗要写的是有关“月光”这个大自然的物体。</td></tr>
<tr><td colspan="2"></td></tr>
<tr><td>从窗外　泼进来/</td><td>具化对象：描写物象“月光”所从事的活动，赋予它“从窗外泼洒进来”的功能，即这首诗既不写月亮的“圆”，也不写月亮的“亮”，而写它的“泼洒”功能。</td></tr>
<tr><td>溅了我一身/</td><td rowspan="2">升华对象：升华物象“月光”泼洒功能来完成作者的创作意图。作者把这个升华过程一裁为二，其间埋设了一个悬念，先说“溅了我一身”，但不说溅了我一身什么，用这个分行所获得的间歇，让读者去期待，到第三行才揭示它是“唐诗”，出人意料地把读者在第二行预期的“月光”突然转换成“唐诗”，既给读者一个突然，同时也揭示了作品的主题思想。这个主题思想就是：月光曾经激励过多少中国古代诗人的创作热情啊，现在我们看到它，就会联想起他们所创作的诗歌。</td></tr>
<tr><td>唐诗/</td></tr>
</table>

例2. 具化时，说明叙述对象所接受的动作

掰黄瓜

咔吧，夏天被拦腰折断
弥散开
童年的清爽
(青果)

《掰黄瓜》	**呈现对象：** 标题未入诗。不同于上一首，这里呈现了“掰黄瓜”这件事而不是物作为本诗的叙述对象，也就是，本诗要说的是有关“掰黄瓜”的话题。诗人在正文里用了一个借代的修辞手法（“黄瓜”是借体，“夏天”是本体），把叙述对象“黄瓜”转换成“夏天”，使“夏天”具有了被折断并且弥散开来的可能。
咔吧，夏天被拦腰折断/	**具化对象：** 赋予由“黄瓜”转换过来的“夏天”一词以“被拦腰折断”后会散发出某种气味的功能。
弥散开/ 童年的清爽/	**升华对象：** 升华“被拦腰折断”后散发出来的气味功能，来完成作者的创作意图。同上，作者在这里把升华过程一分为二，其间埋设了一个悬念，先说“弥散开”，但不说弥散开什么，让读者去期待，然后突然把读者预期的气味转换成“童年的清爽”，激发了读者对童年的美好回忆。

例3. 具化时，说明叙述对象所接受的动作

寒秋

又遭连夜雨
遍地黄叶
数声雁鸣勾我心魂同行

(徐英才)

《寒秋》	**呈现对象：** 标题入诗："寒秋/又遭连夜雨"。呈现物象"寒秋"作为本诗的叙述对象，也就是，本诗要说的是有关"寒秋"的话题。
又遭连夜雨/ 遍地黄叶/	**具化对象：** 用两行来描写物象"寒秋"的遭遇："又遭连夜雨/遍地黄叶"，以加强凄凉感。本来已经是"寒秋"，现在又遭受到整整一夜的雨打，使黄叶飘落满地，够凄凉了。
数声雁鸣勾我心魂同行/	**升华对象：** 用"数声雁鸣勾我心魂同行"来升华已经营造的凄凉感以达到作者的创作意图。本诗不在说理，而在于营造一种凄凉的思乡意境。本已经是寒冷的深秋，它又遭受一夜雨打，黄叶飘零满地，够凄凉了，现在还有几声雁鸣勾起我思乡之情，我怎能不怀念家乡，希望能够像大雁那样飞回故乡呢？

例4. 具化时，置叙述对象于某种环境

野花

在荒山
却总是笑容灿烂地
等风把它们的子孙送往远方
(徐英才)

《野花》	**呈现对象：** 标题入诗：野花/在荒山。选择"野花"这个物象为本诗的叙述对象，也就是，本诗要说的是有关"野花"这个大自然的物体。
在荒山/	**具化对象：** 把叙述对象"野花"置于"荒山"的偏僻环境

	中，暗示它生活环境的恶劣。
却总是笑容灿烂地/	**升华对象：** 先用“却总是笑容灿烂地”作铺垫，使“野花”与“荒山”形成对比，凸显“野花”的乐观精神，为升华做准备。然后用议论的手法“等风把它们的子孙送往远方”来升华物象“野花”，揭示它虽然置身偏僻的环境却非常乐观，具有远大的目光。
等风把它们的子孙送往远方/	

例5. 具化时，置叙述对象于某种环境

听潮

维港边
百年前断裂的光流
又雄浑地汹涌了起来
(白曼)

《听潮》	**呈现对象：** 标题未入诗。呈现“听潮”这个事象为本诗的叙述对象，也就是，本诗要说的是有关听潮的话题，而不是物。
维港边/	**具化对象：** 把听潮这件事置于“维港边”，以提供地点，因为这个地点具有历史意义，与主题切切相关。
百年前断裂的光流/	**升华对象：** 在把叙事对象“听潮”置于具有历史意义的地点后，开始升华主题。用二、三两行“百年前断裂的光流/又雄浑地汹涌了起来”来回答了听到的是什么？听到的，不仅仅是海潮声，而是断裂的历史又衔接上了，把主题提升到历史的高度，用海潮声象征香港的割让与回归。
又雄浑地汹涌了起来/	

例6. 具化时，赋予叙事对象以特征

月

一只荷包
装满了
母亲讲过的童话故事
(徐英才)

《月》	**呈现对象：**标题入诗：月/（是）一只荷包。呈现“月”这个物象为本诗的叙述对象，也就是，本诗要说的是关于“月”的话题。
一只荷包/	**具化对象：**赋予对象“月”具有“荷包”的特征，暗示它有装东西的功能。
装满了/ 母亲讲过的童话故事/	**升华对象：**升华“月”这个具有装东西功能的“荷包”来完成作者的创作意图。作者也把这个升华过程一裁为二，其间埋设了一个悬念，先说“装满了”，但不说装满了什么，让读者去期待，到第三行才突然揭示“母亲讲过的童话故事”，从而揭示了“月亮能够引起我对母亲的怀念和对家乡的美好回忆”这个主题思想。

例7. 具化时，赋予叙事对象以特征

告白

忐忑之后，终将那封信塞进
邮筒。静等花开
却似一块石头，沉入了大海
(老厚)

《告白》	**呈现对象：** 标题未入诗。呈现事像“告白”为本诗的叙述对象，也就是，本诗要说的是有关“告白”的事，而不是物。
忐忑之后，终将那封信塞进/ 邮筒。	**具化对象：** 赋予对象“告白”以忐忑的特征，并描写它所从事的活动，说明这个“告白”是在什么心情下发生的。
静等花开/ 却似一块石头，沉入了大海/	**升华对象：** 用“花开”和“石沉”对比来升华主题。忐忑地把信寄出后，它却似石沉大海，没有下文。作品在升华时，没有直言结果，而是让读者自己去思考对方是谁，她收到信后会怎样等等。

(二) 非常规手法（三段法不按次出现）

例8. 非常规手法：叙事对象出现在内容部分

夜雨来访

干渴的麦田
喜出
望外
(老厚)

《夜雨来访》	大多数三行诗把叙述对象置于标题中，本诗把叙述对象置于下面的内容部分。
干渴的麦田/	**呈现对象/具化对象：** 大多数作品的叙事对象都出现在标题里，而这首诗的叙事对象则出现在首行的具化阶段：“麦田”，也就是说，本诗将要写的都是关于“麦田”的事。在呈现叙事对象的同时，作品还具化了这个对象，赋予它以“干渴”的特征。

喜出/	**升华对象：** 指出叙事对象“麦田”的“干渴”特征后，作品立刻用一个成语升华它“喜出/望外”。这个成语用得非常巧妙，具有双关的功能，既用了它的本意：指出“麦田”因出乎意料的“夜雨来访”这件好事而感到特别高兴，同时又描写了“麦田”那种“喜出望外”的形态：喜欢得冒出了头，高兴地朝外面张望。
望外/	

例9. 非常规手法：具化与升华粘合在一起

父亲的背

山脊梁
弯
也弯得　硬
(唐淑婷)

《父亲的背》	**呈现对象：** 标题入诗：父亲的背/（是）山脊梁。呈现“父亲的背”这个物象为本诗的叙述对象，也就是，本诗要说的是关于“父亲的背”。
山脊梁/	**具化对象 / 升华对象：** 本诗的具化部分很明确，在首行。首行用一个暗喻把“父亲的背”比作像“山脊梁”一样，以揭示父亲的背像什么的特征。本诗的升华部分也很明确，在尾行。尾行用一个补语进一步描写父亲的背，说它虽然弯但非常坚硬，以揭示父亲人虽然已经老了但仍然非常坚毅。而中间那一行的“弯”字则既可以分在具象部分也可以分在升华部分。换句化说，这首三行诗的具化与升华的界线并不分明。而恰恰是这的不很分明的“弯”在把整首是结合的非常紧密。
弯/	
也弯得　硬/	

例10. 非常规手法：升华隐含在具化中

老农

一把锄头
硬是把太阳从东边拽到西边
然后掮着月牙下山
（徐英才）

<table>
<tr><td>《老农》</td><td>呈现对象：呈现物象“老农”作为本诗的叙述对象，也就是，本诗要说的有关一位“老农”。</td></tr>
<tr><td colspan="2"></td></tr>
<tr><td>把锄头/</td><td rowspan="3">具化对象/升华对象：这首诗表面看没有升华，而只是用全部三行来具象化这位“老农”，用空间抽除法，抽除了锄头与太阳以及锄头与月亮之间的空间关系，以此来描写老农起早摸黑，从早劳作到晚的情景，但其实，它是有升华的。这个升华，不像其他三行诗那样，是用某一行或者某两行表述出来的。它用隐藏的办法，把对主题的升华藏在对老农的具体描写中。你仔细阅读就会发现，所有的描写都力求表达老农的不辞辛劳。这个不辞辛劳就是通过描写得以升华的主题思想。所以，这首诗也印合了三行诗创作的三个要素：呈现对象、具化对象、升华对象。</td></tr>
<tr><td>硬是把太阳从东边拽到西边/</td></tr>
<tr><td>然后掮着月牙下山/</td></tr>
</table>

从上面这些例子我们可以看出，三行诗的创作大多遵循这个三步一曲的三段法。不过，诗歌的创作虽然有律可寻，但并非一成不变、完全固化。创作中，如有人突破这个框架，是完全可能的。但是，从上面这些例子我们至少可以看出，三行诗的创作确实有一个内在结构，不论诗人怎样布局，怎样排序，就大多数作品来说，它都跳不出这个三步一曲的框架。因此，三行诗的本质就是，用至简的文字，作一

次短、平、快的迅即升华，以达到作者的创作意图，或立意，或营势，或造境，或写意等等。它与非三行诗的本质区别就是，它可以直接了当地直奔主题，无论是直接性的还是暗示性的。这也就是三行诗的价值所在。它的出现，使我们能够随时写下我们对世间万事万物的诗意感受。我们对某件事或者某个物体突然萌发了诗心，就可以立即把它写下来，或者暂时记在脑子里等到方便时再写下来，而不必像非三行诗那样，非得有一个充分的时间才能创作。有时，或者说常常，就是因为需要这个充分的时间，我们的创作也就不了了之了。

四、三行诗的属性

有人把新诗创作中，诗的长度落在一至四行的定为微诗，意思是，如需写微诗或者投稿微诗的时候，只要是四行以下，都符合行数要求。这无可非议。但是，我们在创作微诗的时候，写着写着，就自然而然地把绝大多数作品写成了三行。这是为什么呢？难道是巧合，还是因为“三”这个数字有着什么奥妙之处？——是的，“三”是个极其玄妙的数字，它自身所含的那些属性，或者说优点，在微诗创作中，就鹰自高飞，凤自起舞，鹤自独立，凸显了出来，使三行诗在微诗中成为一种最受青睐的诗型。三行诗，之所以为三行是不无道理的！它除了具有我在《理论篇——从内在结构上看什么是三行诗》一章里提到的以跳远运动的方式直奔诗之远方的优点，它还有以下长处。

(一) 三行是可以成章的最小单位

一般来说，一部著作，不论长短，哪怕是宏篇巨著，说到底，都只包含三个部分：开头、内容、结尾。同理，一首诗，不论长短，哪怕是长篇史诗，说到底，也都只有三个部分：开头、内容、结尾。从章法上来说，非此，就不属于完整。这三个部分，三行诗的三行正好可以用最小的单位全部涵盖。所以，三行诗，是可以成章的最小单位。当然，这并不等于说，在创作中，我们就必须按部就班地用每一行来对应每一个部分。这只是说，框架有了，至于怎样涵盖，是采用逐行对应的方法，还是混合的方法，抑或交错的方法，那是作者灵活运用的问题。关于这一点，我在前面“理论篇——从内在结构看什么是三行诗”一章里已经论述过，这里就不赘述了。我在同一章里，还把一首三十六行内容的诗压缩成三行，并且一点也没有丢失原诗所包含的主要内容。这就足以说明三行诗的这种完整的涵盖性。下面就是我在那一章里压缩后的三行诗。

例1.

荷花

本有蜻蜓沾惹浮萍缠绕
为何总还在月光下轻舞
锲而不舍地等待......
(徐英才)

原诗三十六行的主要内容是，通过描写荷花在月光下不顾蜻蜓和浮萍的纠缠，坚持轻摇慢舞、锲而不舍地等待她的心上人到来，喻意品行高尚的女子对白马王子的真诚追求。这些主要内容，从三十六行的原诗被压缩成三行后，并不因字数的骤减而丢失任何内容。这就足以充分地证明三行诗身瘦意丰的特性，并足以证明三行诗是可以成章的最小单位。

假如我们把这首三行诗所包括的内容都压缩在两行里，把三行的最后两行合并在一起，使它成为一首两行诗，那么，这首诗就会显得上轻下重，它的最后一行看上去就会比较冗长，不够轻快，有硬凑之嫌：

例2.

本有蜻蜓沾惹浮萍缠绕
为何总还在月光下轻舞，锲而不舍地等待......

假如我们为了平衡它，使它看上去不至于头轻脚重而把原三行诗的最后一行删去，那么，诗里那个最最重要的，用以揭示主题的最后一行“锲而不舍地等待......”就没有了，整首诗就会显得不完整，失去了读者可以赖以解锁主题的线索：

例3.

本有蜻蜓沾惹浮萍缠绕
为何总还在月光下轻舞

假如我们删除的不是最后一行，而是第二行，那么，作品就会显得莫名其妙：

例4.

本有蜻蜓沾惹浮萍缠绕
为何锲而不舍地等待......

假如我们把三十六行的原诗压缩成四行，也未尝不可，只是，三行已经能够用最小的单位完美胜任，为何还要把它扩充为四行呢？诗，以极简为贵！

例5.

本有蜻蜓沾惹
浮萍缠绕
为何总还在月光下轻舞
锲而不舍地等待......

所有这一切告诉我们，三行，是一个可以成章的至简单位，既可以完整容纳诗的主线条，又不至于丢失什么重要内容。事实上，很多两行诗都缺乏三行诗里那种至关重要的升华部分。比如下面这首两行诗，就缺乏三行诗里那种必要的主题升华：

例6.

乡音

是你
出生和成长的证书
（盛坤）

从诗歌创作的角度来看，这首两行诗只有三行诗的前两个步骤：呈现和具化对象而没有升华部分。作品选择并呈现了“乡音”作为诗歌的叙述对象，然后把它具化成“是你/出生和成长的证书”而没有升华它。当然，这也是一首诗，但我们总觉得它少了些什么。你说“乡音/是你出生和成长的证书”，那又怎样呢？你是要说明有了它你便有了身份，还是要说明有了它你便到处可以通行？你是要证明有了它你可以找到工作，还是要证明有了它你可以找到朋友？作者没有交代，读者也无所适从，因此，它没有着落。你堂而皇之地冠以你的作品一个标题，而没有去承接它，说出个所以然，这就让人觉得缺少了什么。中国的三行诗有头（标题），通常都要有个脚（升华）。有了脚，才站得住。假如我们试着把这首两行诗升华成三行诗，看结果会怎样？看到底是两行诗显得完整，还是三行诗显得既完整而又不臃肿？

例7.

乡音

是你
出生和成长的证书
牢印着不可磨灭的原性

这么一加，这首作品就上升到了一个高度，有了一个“人不论走到哪里都丢失不了原住地的特质”这个深刻的主题，使熟悉唐代散文的读者联想到韩愈。唐代著名散文大家韩愈写过一篇散文叫《原性》，它用对话的形式论述了人性与情感的关系，指出人性是天生的，情感是后生的，人性的品级有三种，善良为上。（性也者，与生俱生也；情也者，接于物而生也。性之品有三，而其所以为性者五；情之品有三，而其所以为情者七。曰何也？曰性之品有上中下三。上焉者，善焉而已矣......）。

下面这首两行诗，从三行诗的角度来看，也缺少一个升华：

例8.

斑马线

放倒梯子
你拒绝把人送上天堂
(天端)

天端写过很多精彩的三行诗，但就这首两行诗来说，它只告诉我们斑马线拒绝把人送上天堂，就没有了下文，从三行诗的角度来看，它不完整，缺少了一个升华主题的步骤。假如我们把它加上：

例9.

斑马线

放倒梯子
你拒绝把人送上天堂
要他们自己踏着　到达彼岸

这么一加，作品就有了升华，就有了三行诗所要抵达的诗的远方——言外之意，诗就不仅仅停留在拒绝把人送上天堂这一层含义上，还表达了人是需要靠自身的努力，正确的方法，方能抵达彼岸这个主题思想。如此一加，作品的内涵丰富了，外延深刻了。从这个例子，我们也可以再次看出，三行诗，是可以成章的最简练且最完整的一种诗型。

以上通过三行与两行及四行的比较，主要告诉我们，三行诗是一个可以成章的最小单位。

(二) 三行极具灵活性。

恰如所有成章的文字都包括开头、内容、结尾三个部分，哪怕是宏篇巨著，长篇史诗，但这三个部分的比重并不一定非得一成不变，有些作品，在叙述内容部分前，需要较长篇幅的交代；有些作品，在讲完内容部分后，需要较长篇幅的总结等等，这个中间部分在比重上是可以前后倾斜的，或者反过来说，开头或者结尾部分都是可以向中间的内容部分靠拢的。同理，三行诗也是如此。三行诗的妙处就在于，它是可以成章的最简练的单位，在遇到首行开头处由于某种原因需要多些比重时，或者在结束的尾行处由于某些原因需要多些文字时，我们可以自如地调整它而不需把它扩展到第四行。三行诗中间那行，正好可以起到这么一个杠杆作用，它在字数比重上可以自由的前后倾斜，而不必扩展到第四行。我在本书的第三章《理论篇——三行诗内在结构之解析》里已经间接地给出大量例子来说明这个问题，下面我再给出几个例子来说明三行诗的这种灵活性。

例1. (a) 原三行诗：

并非传说

没见过铁棒磨成针
见过母亲用数十个寒暑
磨平了搓衣板上的木棱
（徐英才）

例1. (b) 让中间一行朝首行倾斜：

没见过铁棒磨成针　见过
母亲用数十个寒暑
磨平了搓衣板上的木棱

把原诗第二行的“见过”调到第一行的尾部，第一行就埋设了一个悬念，读者在读到“见过”时，由于停顿而期盼了解

“见过”什么？

例1. (c) 让中间一行朝尾行倾斜：

没见过铁棒磨成针
见过母亲
用数十个寒暑磨平了衣板上的木棱

把原诗第二行尾部的“用数十个寒暑”移到尾行的开头处，第二行由于被截断，就埋设了一个悬念，读者在读到“见过母亲”时，由于停顿而期盼了解“见过母亲”什么。我们再来看一组例子。

例2. (a) 原三行诗：

时间的价值

把时间敲进键盘
打印出来
化作墨香飘逸
（徐英才）

例 2. (b) 让首行朝中间一行倾斜：

时间的价值

把时间
敲进键盘　打印出来
化作墨香飘逸

把原诗第一行尾部的“敲进键盘”移到第二行的开头处，第一行由于被截断，就埋设了一个悬念，读者在读到“把时间”时，由于停顿而期盼了解“把时间”怎么了。

例 2. (c) 让尾行朝中间一行倾斜：

时间的价值

把时间敲进键盘
打印出来　化作
墨香飘逸

把原诗尾行的“化作”移到第二行的尾部，第二行就埋设了一个悬念，读者在读到“化作”时，由于停顿而期盼了解“化作”什么。我们再看一组例子

例3. 原三行诗

夹缝的树

东扭西拐　寻找
光明　虽其貌不扬
心里　却活着太阳
（残文）

这首三行诗，其中的“寻找”一词从意念来说，原本属于第二行，但作者为了凸显第二和第三行的平行关系：光明，虽其貌不扬/心里，却活着太阳，把它调整到了第一行的结尾处。从这里我们可以看出三行诗灵活的结构。

例4. 原三行诗

炒菜锅

有一种平台，也叫人生
一面红红火火
一面酸甜苦辣
(天端)

这一首也一样，它把 “也叫人生”设置在第一行的结尾处也是为了凸显第二和第三行的平行关系。“一面红红火火/一面酸甜苦辣”。

我还可以举出大量的例子来说明三行诗的灵活性，但为了节省篇幅，这里就不赘述了，作者可以在自己的创作实践中体会。但上述这些例子，足以告诉我们，三行诗是一种十分灵活的诗型，作者可以根据需要灵活地调整文字的位置，给出不同的效果。这种调整，包括但不限于是为了设置悬念、营造平行、造就节奏、突出主题、绘画图形，等等。

(三) 三行极具爆发力

我们在前几个章节里讨论了三行诗的外部形态和内在结构，我们还解析了一些三行诗，以印证它们的外部形态和内在结构符合我们所说的三段法。这个三段法就是：呈现对象、具化对象、升华对象。而这个三段法，又恰似体育比赛中的一个跳远运动：起跑（呈现对象）、踏板（具化对象）、弹跳（升华对象）—— 直至诗的远方。跳远运动需要爆发力，这个类似跳远运动的三行诗的创作过程也极具爆发力。跳远运动的爆发力在助跑与踏板中积蓄，在弹跳时爆发；三行诗的爆发力在呈现诗歌的对象与具化诗歌的对象中积蓄，在升华对象时爆发。三行诗与非三行诗不同的是，非三行诗对叙事对象会有很详尽的描写与刻画，这种描写与刻画虽然能够使作品更加丰富，更加立体化，但同时，也间接地推迟了作品的升华，那种在呈现与具化诗歌叙述对象中积蓄的力量也就被分数了。而三行诗，以非常短暂的形式呈现并具化对象后，就立刻携着在其中积蓄的力量跃入升华，直奔主题，所以，三行诗的这种爆发力与非三行诗相比，更加直接了当。这就是我所说的毕其功于一役的真正含义——憋足气，投入升华，引爆主题。

这种爆发力，我曾在第三章“理论篇——三行诗内在结构之解析”里给过很多例子。在那里，我虽然不是从爆发力的角度来引用它们的，但我对那些诗的解析，尤其是对诗的升华部分的解析，间接地说明了这个问题。为更加充分地说明这种爆发力，这里再举几例：

例1.

我的诗

不需长江那么长
却像它那样深邃湍急
装着天空、高山、林莽……
（徐英才）

这首三行诗，首先在标题中用三个字呈现出诗的叙述对象是“我的诗”，然后用第一行的七个字来具象化它，否定一般人认为诗要长的看法，说“不需长江那么长”，接着，就用两行文字，携着在呈现对象和具化对象时采用的否定法之力量升华它，直奔诗的远方，把诗送入作者的创作意图，告诉读者我的诗“却像它（长江）那样深邃湍急/装着天空、高山、林莽......”。由于这个主题是在先前否定的力量中反弹而来的，它就来得特别的猛烈，使读者明白，我的诗虽然很短，却意象丰富，含天盖地。设想一下，如果这首三行诗像非三行诗一样，在具化过程中，对我不需要很长的诗这种想法作详细描写，长篇刻画，诗最后的爆发力就自然会被这种描写与刻画消散掉相当一部分。所以，三行诗是短平快，携着短与平中积蓄的力量快速引爆主题。

例2.

父亲的背

山脊梁
弯
也弯得　硬
(唐淑婷)

这首三行诗，用标题呈现了作品的叙述对象：“父亲的背”，告诉读者，本诗将要叙述的是关于作者父亲的背。接着，作品开始具化这个叙述对象，在第一行，用一个暗喻把“父亲的背”比作像“山脊梁”。紧接着，作品毫不耽搁，直奔主题，用一个“弯”字把在具化中积蓄的力量传递给升华部分：“弯/也弯得——硬”，从而揭示了父亲人虽然已老但仍然非常坚毅的主题思想。三行诗这种在具化阶段积蓄力量，然后直接把力量传给升华部分，以强化作品主题的手段是任何非三行诗都望尘莫及的，这就是三行诗所具有的无与伦比的优势。

(四) 三行极具繁衍性

三行还极具繁衍性。老子说“道生一，一生二，二生三，三生万物”。比如，道生发了人这个一，人分男女这个二，男女生出儿女这个三，儿女这个三繁衍不息。又比如，道生发了电这个一，电有正负两极这个二，正电与负电生成了计算机这个三，计算机这个三又呈现出一个崭新的世界。把三所具有的繁衍性运用到三行诗里去：三行诗呈现对象的这个一繁衍出具化对象的这个二，具化对象的这个二又繁衍出升华作品的这个三，三行诗的这个三步一曲的创作步骤可以繁衍出各种表现力。三行诗可以用来立意、造境、营势、渲染、写意、描景、拼图、言趣、说心等等。“三”这个数字里包含了生机勃勃的繁衍性。关于三行诗的这些表现力，我将会在第五章，也就是下一章“理论篇——三行诗的表现力”里着重讨论，这了仅给出几例。

营势：作品以营造气势为主。

驯马师

无需缰绳马鞭
两根银线　一束马尾
万马奔腾　排山倒海
(徐英才)

造境：作品以创造意境为主

秋

晚风，衔来一轮圆月
摇着柳树臂膀
抖落，一片又一片相思
(天涯)

写意：作品以写意为主。

渴望

雪野
一只缩颈白鹭
呆望着冰封的河溪，等待——
(徐英才)

等等

综上所述，相较于其他诗行，三行诗是一个可以成章的最小单位，且又极具灵活性、爆发力、繁衍性。三行诗是一个不可多得的诗型，我们应该大力弘扬它。

五、三行诗的表现力

我们知道，写成三行的诗主要有西语三行诗、日本俳句，中国汉俳。西语三行诗讲究尾韵，日本俳句专注大自然的瞬间感动，汉俳喜好格律。虽然这些偏爱构成了它们各自的特点，它们各自的表现力也因此或多或少地受到某种程度的限制是不争的事实。而中国三行诗，除为谋求诗歌形态上的小巧精湛而设限三行三十字左右的规定以外，没有任何其他限制，允许使用一切手法、调动一切因素进行创作。因此，它具有极强的表现力，几乎可以用来自如地表现各种创作意图，如立意、造境、营势、渲染、写意、描景、拼图、言趣、说心等等。下面我们来例证三行诗的一些表现力。当然，所用例子，有的也可被归入其他类别，但为了叙述的方便，我们把它归入某类后，就不再把它归入它类。

一、　立意

立意，即确立诗的思想意义，也就是作品以表现思想内容为首要任务，比如那些以表现哲思、道理、信仰、志向等为主的作品。这类三行诗，是三行诗诗人最熟悉也是运用最广泛的一种。以立意为主要创作意图的三行诗，关键在于意象要生动，意义要深刻，意象与意义有一种内在联系。比如：

例1.

尊严

站在

头颅的顶峰上
你的海拔　高于心跳
(沈竞雄)

这首三行诗主要表现一种信仰，属于立意范畴。它通过“尊严”是站在头颅顶上，头顶又比心脏的位置要高，因而尊严高于心脏来表现“尊严”比生命还来得更重要的主题思想。它并不太在意作品是否营造了一种意境，还是渲染了一种气氛。它在乎的是思想意义的表达。

例2.

路

父亲走过的路
都粗犷地深刻在他的额上
不愿遗传给我们
(徐英才)

这首诗旨在称颂父亲的品德，也属于立意范畴的三行诗。它通过意象转换的创作手法，把父亲走过的路转换成他额上粗犷的皱纹，然后把额上的皱纹转换成不愿遗传给后代的基因来表达父亲为了家庭辛勤操劳了一辈子的思想内容。这首作品也并不在意是否营造了一种意境，还是渲染了一种气氛。它在乎的是作品思想内容的表达。

二、　造境

造境，即营造意境，作品以描绘景色与表现情思从而使它们融会贯通成一种艺术境界为主要创作目的。造境诗应该注意的是，如果只有情思，而景色不能栩栩如生，则境不能生成；反之，如果只有景色，而没有情思，则境也不能成立。造境，必须既要有意又要有境，要“意”与“境”交汇，情与景贯通，才能创造出一个萦绕脑际、意境绵长的艺术境界。

例1.

岩松

！ 幡然勒住一匹
悬
崖
(唐淑婷)

这首诗以营造意境为主要创作目的。诗人用一个感叹号加短短八个字，描写了一棵遒劲的苍松腾蛇虬龙地勒着一个悬崖峭壁的情景，暗示一种勇猛无畏的精神。读完这首诗，那个苍松勒岩的“景”与由它而折射出的勇猛精神之“情”相互交融，交汇出一个萦绕脑际的意境。

例2.

老农

一把锄头
硬是把太阳从东边拽到西边
然后掮着月牙　下山

(徐英才)

这首诗也以营造意境为主要创作目的。诗人通过位移和移就的修辞手法，把锄头与太阳以及锄头与月亮之间的空间抽除掉，用锄头来拉拔太阳，用锄柄做扁担来掮月亮，暗示了一位老农起早摸黑、辛勤劳作的精神。读完这首诗，那个老农用锄头拉拔太阳与掮扛月亮的“景”与由它所暗示出的老农起早抹黑、辛苦劳作的“情”相互交融，交汇成一个萦绕脑际的意境。

三、　营势

营势，即营造气势，作品以竖立一种磅礴的气势为主要创作目的。值得注意的是，像造境需要情景交融一样，用以营势的作品，不但要有气势，最好还要有深刻的意义，只有把两者融会贯通在一起，势景交融，景中出势，势借景出，气势恢宏，才能激荡心灵。

例1.

藏歌

鹰定的调
珠峰竖起拇指——
“高，实在是高！”
(诗匪)

这首诗的主题思想并没有多么深刻，只是称赞西藏民歌的音通常都很高亢，但这首诗之所以能够打动人，就是因为它所营造的恢弘气势，在描写藏族民歌声调高亢的同时，描写了西藏的雄鹰，珠峰，使音高这个主题与西藏的特殊风味相交融，营造了一个势景相容的“势境”。

例2.

微诗

挥动心剑
截断冰川　推入大海
把生命的源藏在冰尖下
(徐英才)

三行诗，短短那么几行，寥寥那么数字，很可能给人以小家子气的感觉，不能成大气候的印象。而这首三行诗，恰恰以“微诗”为题，以营造气势为主，以表达含义为辅，通过夸张的修饰手法，使深藏的微诗内涵与大海里的冰山势景交融，警示读者，微诗也能含义深刻，气势如虹。

四、　渲染

渲染，即渲染气氛，作品以营造一种气氛来激发读者的情感共鸣为主要创作目的。与营势相对，通常，营势主要表现场面的广大恢弘大气，重在激荡人心；而渲染则主要表现场景的静谧平和、闲适沉重，重在让人感到平静、萧瑟，凄凉，沮丧等等。

例1.

他乡年夜

三只碗碟二根筷子
一顿饭
吃出 百种味
(唐淑婷)

这首诗并没有什么高深的含义，无非道出了一种乡愁，但它渲染的冷癖孤独的气氛却能使读者身同感受。年三十本该全家团圆，热热闹闹，但现在只有三碗两筷，孤单一人，怎能不感到孤独寂寥呢？读完这首诗，如果你也有一种孤独感，那正是这首诗的创作目的。

例2.

渴望

雪野
一只缩颈白鹭
呆望着冰封的河溪，等待——
(徐英才)

这首三行诗，在暗示对春天的渴望这个主题思想的同时，渲染了一种冷瑟的气氛：茫茫空旷的雪野里，一只白鹭缩着头颈，呆呆地望着冰封的河溪在等待——等待什么？等待冰雪消融、生机勃发的春天，它可以再次捕捉河里的鱼，以继续它生命的凯歌。这首诗的创作意图，主要是为了让读者产生一种冷瑟，空旷，孤独的感觉。

五、 写意

写意是中国国画中的一种绘画技巧，它用简练的线条和平和的墨色描绘人或物的神态，跟“工笔“相对。“工笔”是用精细的笔法详细刻画人或物，而写意则是用勾勒、泼墨、点染等手法表现作品的大意。以此类推，三行诗里以“写意”为主要创作意图的作品，就是用简单的粗线条来进行描绘。三行诗里一般没有工笔式创作技巧，那将留给非三行诗来完成。

例1.

佳作

一排排海浪，一行行诗句
我俩坐在沙滩上
成了标题
(刘和旭)

这首诗并没有用细微的笔法精雕细琢人与海浪的关系，而是用简单的粗线条描写了海浪，沙滩和两位主人翁，给人以一种远眺的景色，淡雅的诗意，并以此衬托出两位主人翁的浪漫心情。是一幅大写意图。

例2.

情在深处

朦胧烟雨　粉墙黛瓦

拱桥上　纸伞下
一对身影凝望远方的留白
(徐英才)

这首诗，描绘的是一个实景还是一幅国画？管它呢！难道实景就不能美如画，或者说，难道画就不能栩栩如生地表现实景？这首诗里，诗人用大写意的手法，用寥寥数笔描绘了朦胧烟雨里粉墙黛瓦旁，一对恋人撑着油纸伞站在拱桥上凝望远方的情景。至于这对身影现在心情怎样，他们为何瞭望远方，无关紧要，要紧的是这种江南烟雨的朦胧感，重在那个留白处给人留下的遐想。

六、　描景

描景，当然是指以描写景色为主要创作意图的作品。这类三行诗，有采用唯美主义手法写成的，也有采用朴素的文笔创作而成的。唯美主义诗人，在做景色描写时，比较侧重遣词的优美，行文的典雅，努力做到语言不艳死不休。语言简朴的诗人，在做景色描写时，比较侧重用简单的语言刻画出栩栩如生的图景，努力做到不让艳丽的语言遮住图景的本色。

例1.

秋露

遥望穹苍　独忖一夜
疲惫的眸子里
溢出数点星玲珑

(杨丽娜)

这首诗，以描写优美景色为主要创作意图，同时也渲染了一种寂寥的气氛，从一个特殊的视角对野外的景色作了一个点面对比。作品把秋露比作眸子，它们“遥望” 的是零星数点的“穹苍”。全诗十分注重使用“穹苍”、 “眸子”、“溢出”、“玲珑”等优美词藻，整首诗极其优美。同时，星星的点与穹苍的面相互映衬。

例2.

街 景

雨后的马路
车轹，碾碎了一地的星星
只有一个盲人，在认真做着星探
(天端)

这首诗，意在描写雨后的街景。与上一首诗的不同之处在于，这首诗侧重用普通的语言来表现场景的魅力。“雨后的马路”“一地的星星”，把浩瀚的星空从天上搬到地面。在这个辽阔的截面上，又有一个小小的点（竹竿头）在移动。这个点与面就形成了一个大与小的强烈对比，十分生动。

文字的优美与朴实，使我想到了中国古代骈文体与复古体在散文创作上的激烈争辩！哪个好？哪个不好？凡事都是一分为二的，它们都各有所长，这就是为什么初唐骈文“滕王阁”至今还那么令人爱不释手，中唐韩愈的《祭十二郎文》文笔那么简朴却那么震撼人心。

七、 拼图

拼图，就是用文字拼出图案。三行诗牵涉的文字较少，不利拼图，但这并不等于说三行诗不能拼图。三行诗一旦拼图成功，因所用文字较少，图案常常清晰明了，文义常常内敛含蓄。三行诗拼图的关键，是要图文贴切。

例1.

砖

叠罗汉
看墙外面
是什么
(非马)

本诗作者非马原籍台湾。按台湾人的行文习惯，汉语文字是从上到下，从右到左排列的，把他上面这首采用大陆排版的三行诗改成台湾排版的方式，它就成了下面这个人头探出墙外观望的图案。

砖

看
是墙叠
什外罗
么面汉

例2.

她的心

西
　沉
月

(徐英才)

满月在中国文化里象征团圆，因此月牙就表示缺失、分离。这首诗用“西/沉/月”三个字拼成一个月牙形图案，让它承接诗歌的标题“她的心”，表达了女主人翁的心像西沉的月牙那样若有所失，用文字的图形营造了一个愁绪萦绕的意境。

八、　言趣

言趣，当然是言说趣味的意思。三行诗也可被用来表现风趣诙谐的题材。一切以表现风趣诙谐为创作意图的三行诗，首先都以立意为主，也就是说，在立意的前提下，让作品带有幽默的意味。以妙趣横生为主要创作意图的三行诗，关键是要让作品凭添趣味而不落俗套，让人会心一笑之余不禁点头称是。

例1.

成长

一不留神 儿子冒到了肩头
我赶紧
挺直弯曲的脊骨
(寒山石)

寒山石的这首三行诗，通过注意到儿子一下子就长到了他的肩头那么高而下意识地挺直了自己弯曲的脊骨来表现自己已经老了而不服老这个意念，而这个意念里又带有一种无可奈何的诙谐趣味。这首诗的看点就在于这种诙谐，不然指出儿子已经长高又有什么意义呢?

例2.

论文

西人把论文称作“纸”
难道其中很多
不是纸吗
(徐英才)

这首三行诗，巧妙地通过“纸”这个词在英语里既表示“纸头”又表示“论文”的双关含义，用反问的方法道出很多论文写得水平太低，没有价值，就像纸头一样。它并不在意表达什么高深的含义，而只是凭添一些诙谐的趣味而已。

九、 说心

说心，就是言说心理。这类作品，不在造境，不在营势，而在表现主人翁的心理变化。表现心理变化，一般需要较长的篇幅。三行诗虽然短，寥寥几行，也是可以用来刻画微妙的心理变化的。以说心为主要创作意图的三行诗，关键在于不能直呼心境，用心说心；而要借景说心，以景显心。比如：

例1.

野渡

烟消，鸟飞，人散
小船荡起
丝丝惆怅
（程家惠）

这首三行诗，乍一看好像跟心毫无瓜葛，说的都是景。而恰恰是这些景，反映了送客人的心境。你看，送走了客人，留下的是什么？是“烟消，鸟飞，人散”，是“小船荡起的/丝丝惆怅”。为什么惆怅？惆怅难道不是一种心境吗？我们知道，处在不同心境中的人，看到的世界是不尽相同的。反过来，这个不尽相同的世界也就反映了人的不同心境。这位送客人，送走客人后，看到的世界是一个无限“惆怅”的世界，那种惆怅正是他的一种心理。

例2.

村妇

楼窗后
夜夜叹月远

今夜雪霁　又怨月太近
（徐英才）

这首诗，用象征手法把月亮喻作远去的丈夫，通过一个村妇雪夜前后对月亮发出的不同叹息，描写了她思夫心切，盼而不得的悲伤心理。雪夜前，她天天悲叹月亮太遥远，就像远不可及的丈夫；待到雪夜后，因大雪覆盖的原野没有障碍而月亮显得格外地近，她又怪月亮那么近而她仍然见不到丈夫却更加思念他。

从上面这些例子，我们不难看出，三行诗的表现力极强，几乎可以用来表达各种创作意图。因此，我们在进行三行诗创作的时候，不要把自己的视野仅局限在一个或个别几个题材上，不要仅仅偏爱于三行诗的立意功能或者唯美功能等等，而要充分利用三行诗的各种表现力所带来的在创作意图方面的多样性、广阔性、纷繁性。我们在三行诗的创作中，要注重多方位的表现，以彰显中国三行诗的巨大优势。

六、中国三行诗与日本俳句的区别

绝大多数中国三行诗诗人、三行诗爱好者，都不熟悉日本俳句，但日本俳句在外貌上，是与中国三行诗“长”得最像的一种诗型。为此，在把这两种诗型进行比较前，我们先来熟悉一下它们各种的“长相”。

日本俳句：

古池塘
青蛙跃入
水声响。
(松尾芭蕉)

故乡呀
挨着碰着
都是带刺的花
(小林一茶)

池塘积雪——
仍有空隙供
鸭子游玩
(翘楚)

中国三行诗：

流星

出轨!

堕
落
(唐淑婷)

诗情

路在我脚下走着
河在我体内流着
路没走到尽头 河就一直流
(沈竞雄)

诗人

他把天空关在窗外
却能看见 黑色的闪电
也能听见 无声的雷鸣
(沈竞雄)

现在我们来把这两种诗型做一个比较，看看它们的区别。

一、从外部形式看中国三行诗与日本俳句的区别

首先，从形式上看，日本俳句不设标题，而中国三行诗设有标题。因为日本俳句不设标题，且以记录大自然的一个瞬间感动为主，感动通常牵涉到情感对外物的反应，因此，日俳的叙述对象以事象为主，物象为辅。因为中国三行诗设有标题，标题大多喜好名词化，且中国三行诗重在把意象升华到一个内质所反映的高度，因此，中国三行诗的叙述对象

通常以物象为主，事象为辅。这虽然不是有意为之，但情况基本如此。

现代日本俳句，虽然已经打破传统日俳五-七-五的十七音格律，但大多数日俳仍然围绕十七个音做文章。切记，是日语的十七音，不是汉语的十七个音节。日语十七音，少则相当于汉语的七、八个音节或字，多则相当于汉语的十一、二个音节或字。而中国三行诗一般三十个字以下，必要时，也可以多加几个字。

日本传统俳句一般都带有季语和切字。所谓季语，就是表示季节的词汇或者暗示季节的意象。所谓切字，它相当于古汉语里的判断词“者”或“也”。古汉语里的“者”或“也”表示判断的同时也表示间歇或者停顿。日语的切字在日俳里主要起间歇作用。到了现代，日俳里季语可以不用，但切字被保留了下来。切字为什么会被保留下来呢？因为切字对日俳的行文节奏起着至关重要的作用，而日俳的行文节奏又对呈现诗歌的核心含义起着至关重要的作用，离开了它，日俳就不是日俳了。这也就是人们常说的，没有俳味的意思。所以，在用其它没有表示间歇词汇的语言仿写日俳时，比如英语，西班牙语，现代汉语等等，就要用换行的办法来表示间歇。这就是为什么用其它语言仿写的日俳大多都是三行的缘故。

而中国三行诗，不存在季语或者切字的限制。中国三行诗的创作意图，不是靠切字形成的节奏辅助呈现的，而是从意象的升华而来的。这，我们已经在“从内在结构上看什么是三行诗”一章里讨论过，在下面的“从内在结构看中国三行诗与日本俳句的区别”的话题里，我们也会比较简略地涉及到它。

二、从内在结构看中国三行诗与日本俳句的区别

从内在结构看中国三行诗与日本俳句的区别，主要有下面几点：

1. 题材范围方面的区别
2. 创作手法方面的区别
3. 意象呈现手法方面的区别
4. 创作意图表现手法方面的区别
5. 创作意图表现范围方面的区别

1. 题材范围方面的区别：

日本俳句主要表现大自然的瞬间感动，涉及非大自然事物的作品不多，表现抽象概念的几乎没有。所以，日本俳句非常重视初学日俳者投身到大自然中去观察、感受、体悟的重要性。事实上，很多正式的日本俳句教学班，都有让学生亲临大自然的课程设置。

中国三行诗，不仅仅表现大自然的瞬间感动，它可以用来表现世界上的万事万物，包括大自然的，也包括非大自然的；包括事象的，也包括物象的；包括实像的，也包括抽象的；包括对大自然的感悟，也包括对其他万事万物的判断、结论、目的等等。应该这么说，中国三行诗的题材可以无所不包。

2. 创作手法方面的区别：

日本俳句因为主要表现大自然的瞬间感动，为了表示事情的非人为性，或者说为了表示事情的真实性，它主要采用白描的手法进行创作，一般忌用比喻，拟人，夸张等修辞手法。

而中国三行诗，不仅仅使用白描手法，它允许使用一切有效手法进行创作。事实上，中国三行诗喜好各种修辞，多用比喻、拟人，夸张，甚至移就、通感等修辞手法。

3. 意象呈现手法方面的区别：

由于表现手法不同，日本俳句和中国三行诗各自呈现创作意图的手法也就不同。白描虽然真实，但比较平泛。为了解决这个问题，日本俳句必须要有吸引人的地方。这个引人之处，就是日本俳句的言外之意，以及呈现这个言外之意的手法。日本俳句的言外之意，必须由两个意象的碰撞产生。因此，日本俳句只允许使用两个意象，不能多也不能少。这两个意象又必须互相独立，后一个意象必须能够干扰前一个意象，以激发联想。为了清晰地呈现出两个意象的独立性，日本俳句多用短语呈现第一个意象，用主谓句呈现第二个意象。第二个意象一般带有一个刺点，以刺激第一个意象而激发联想。

而中国三行诗不像日本俳句那样只允许两个意象。中国三行诗不在乎使用多少意象，只要表达需要，一个、两个、三个、甚至更多都可以。中国三行诗里的意象，允许用任何形式呈现，可以是单词、可以是短语、可以是主谓句式，哪种方式有利于为揭示主题做铺垫，就用哪种方式。事实上，中国三行诗里大多数意象，都是用完整的主谓句式呈现出来的。

4.创作意图表现手法方面的区别：

为了突出两个意象给出的碰撞，日本俳句的行文必须一气呵成。所谓一气呵成，不是说吸足一口气，然后读到气尽那么长。而是说，整首诗要在一个句式里完成。要在一个句式里呈现两个意象和一个刺点，意象间又必须保持互不黏糊，日本俳句里，第一个意象多用短语呈现，第二个意象多用主谓句式呈现。第一个意象后有一个切字，表示暂短间歇。这个短暂间歇，恰好是随后出现的刺点跃入言外之意的准备。如此，短语式意象加主谓式刺点正好形成一个一气呵成的单句句式。这个单句，有利于把读者直接送入对言外之意的思考。

而中国三行诗，采用的是三步一曲的创作手法，也就是选择对象，具化对象，升华对象。我们可以把中国三行诗的创作手法比作运动员的一次跳远：起跑——踏板——跳：到达诗的远方。这里的“起跑”就是指选择并呈现诗歌的叙述对象；这里的“踏板”就是指具体描写被选中的物象或者事象，为升华做准备；这里的“跳”就是指对被具体描述后的物象或者事象进行升华，以达到作者的创作意图。中国三行诗不讲究是一个句式还是两个句式抑或三个句式来呈现意象。中国三行诗讲究的，是对被选中的物象或者事象进行升华，以达到作者的创作意图，或者是揭示作品的主题，或者是强化作品的诗意，或者是营造作品的意境等等。中国三行诗的言外之意，不是依赖于第二个意象干扰第一个意象实现的。中国三行诗的言外之意，主要靠暗示、留白、隐喻、象征等手法实现的。

5. 创作意图表现范围方面的区别：

日本俳句讲究大自然的瞬间感动，这个感动指的是由大自然中某一事或某一物对另一物碰撞后在作者的思想中引发的感悟，因此，日本俳句多表意，即多用来表达这种感悟的意义。

而中国三行诗不限于立意，中国三行诗具有强大的表现力，它可以被用来表现各种创作意图。它可以被用来立意、造境、营势、渲染、写意、描景、拼图、言趣、说心等等。这些，我们在“中国三行诗的表现力”一章里已经讨论过，这里就不赘述了。

下面我们来分析一些日本俳句和中国三行诗，看上述区别是否存在。

一、日本俳句

例1.

日语原文：

古池や
蛙飛び込む
水の音
(松尾芭蕉)

汉语译文：

古池塘
青蛙跃入
水声响。
(松尾芭蕉)

这是一首著名的日本俳句，有各种汉译本。它的题材来自大自然发生的一件事。这件事触动了作者，于是他用俳句的形式把他的感触记录了下来。这件触动他的事，就是一只青蛙跳入了一个沉寂的池塘引起的一声响，它从中感悟到了一种禅宗的顿悟。这个过程，他主要采用白描的手法表现出来的，没有比喻，没有拟人等等。作品有两个意象，一个是“古池塘”，一个是“青蛙”。第一个意象用一个短语呈现：“古池塘”，第二个意象用一个主谓句形式呈现：“青蛙跃入”。这两个意象互相独立。“跃入”是这两个意象的刺点。这首诗用“青蛙”的“跃入”去干涉“古池塘”，从而打破千年的寂静。这首俳句主要表意，表现一种禅宗的顿悟思想。又比如：

例2.

日语原文：

古郷や
よるも障るも
茨の花
(小林一茶)

汉语译文:

故乡呀
挨着碰着
都是带刺的花
(小林一茶)

这也是一首著名的日本俳句，写的也是发生在大自然的事，说诗人重访故里的所见所闻，以及他的感受。这个作品里，也是两个意象，一个是“故乡”，另一个是“都是带刺的花”。前者是一个短语，后者由一个主谓句式呈现。这两个意象互为独立，但第二个由主谓句式呈现的意象又是这首俳句的刺点，用以干涉第一个意象，从而呈现出作者对故乡的感受：“挨着碰着/都是带刺的花。故乡对他来说，是酸甜苦辣什么都有的往事。

例3.

日语原文:

花の陰
あかの他人
はなかりけり

汉语译文:

在盛开的
樱花树下，没有人
是异乡客

(小林一茶)

这也是一首著名的日本俳句，写的也是大自然的事。樱花是日本的国花，这首诗写樱花与异乡人的关系，说凡是来到樱花之乡的人，都是自家人。作品用白描的手法，呈现了两个意象，一个是“樱花树”，一个是“异乡客”，前者由地点短语呈现：“在盛开的/樱花树下”，后者由一个完整句式呈现：“没有人/是异乡客”。后者“没有人/是异乡客”干涉前者，告诉读者，在樱花树下，没有外人。

从这些例子我们可以看出，日本俳句，大多用白描手法描写大自然发生的事情。作品一般有两个意象，两个意象之间必须具有干涉与被干涉的关系。日本俳句的主题思想即由这两个意象间的干涉与被干涉的关系表现出来。而中国三行诗则不在乎使用多少意象，一个、两个、三个，甚至更多都没有关系。中国三行诗里的意象不论用什么手法呈现都可以，可以是单词，可以是短语，可以是主谓句式。中国三行诗不在乎用什么手法呈现这些意象，可以是白描，也可以是各种修辞。最后，中国三行诗并不完全依赖两个意象间的关系来表现主题。中国三行诗，主要靠使用升华的手法来完成作者的创作意图。我们来看几个例子：

二、中国三行诗

例1.

流星

出轨!

堕
落
(唐淑婷)

这首三行诗里只有一个意象，由一个完整的主谓句式呈现："流星出轨"。你可能会说，"流星"和"轨"不是两个意象吗？不是！如果我们用单词或者短语来排列："流星"/"轨"，那就是两个意象，日俳正是这么做的。而现在它由一个主谓句式呈现："流星/出轨"，因此它是一个意象，是"流星出了轨道"这一个意象，不过其中的动词正好带了一个"轨"的宾语而已。这首三行诗的主题思想是：凡事都得有规有矩，不按规矩办事就会把事情搞砸。这个主题思想，或者说这个需要读者自己去领悟的言外之意，不是靠两个意象的碰撞呈现的，而是靠埋设在升华里的"坠落"一词暗示完成的，"坠落"即"搞砸了"。这个"坠落"具有双重含义，既具有字面含义"掉落了下来"，也具有象征含义"搞砸了"。

例2.

诗情

路在我脚下走着
河在我体内流着
路没走到尽头 河就一直流
(沈竞雄)

这首三行诗里有两个意象，它们分别都由一个完整的主谓句式呈现：第一个是"路在我脚下走着"，第二个是"河在我体内流着”。这首诗的主题思想不是靠“路”与“河”两个意象的碰撞完成的，事实上，它们是平行的，而是靠升华句里的象征呈现的。这首诗里的“路”象征作者的人生，“河”象征他的诗情。升华句“路没走到尽头，河就一直流”，意思就是“只要我还活着，我就一直诗情满怀”。这个隐藏着的言外之意，也是作品的主题思想，得靠读者自己去揣摩出来。俳句为了一气呵成，不允许重复意象，而这首三行诗，恰恰是靠升华部分对两个意象的重复来揭示主题的。

例3.

诗人

他把天空关在窗外
却能看见 黑色的闪电
也能听见 无声的雷鸣
(沈竞雄)

这首三行诗里有三个意象，第一个是“把天空关在窗外”，第二个是“看见黑色的闪电”，第三个是“听见无声的雷鸣”，它们分别都由完整的主谓句式完成，虽然有的是主句，有的是分句。这首诗的主题思想是：作为一个诗人，虽然我坐在家里埋头创作诗歌，但我仍能看见和听到暴风骤雨。这个隐藏着的言外之意，也是作品的主题思想，是靠象征来完成的，它得由读者自己揣摩才能获得。

总而言之，中国三行诗是一种更为灵活、更具表现力的诗型。

三、从美学的角度看中国三行诗与日本俳句的区别

日本传统俳句讲究俳意。所谓俳意，简言之，就是指日俳所表现的“物哀”、“幽玄”、“侘寂”三大美学特征。所谓“物哀”，就是指人们在接触大自然时涌出的偏重于“哀”一面的情感。所谓“幽玄”，就是指隐而不露、笼之于内、引发想象的柔美、安详、寂静、深远、神秘性。“侘寂”有三，一是“寂之声”，二是“寂之色”，三是“寂之心”。寂之声”是指听觉上的“寂静”、“安静”；“寂之色”是指视觉上给人以磨损感、陈旧感、黯淡感、单调感、清瘦感的颜色；“寂之心”是指心理上给人以摆脱客观环境制约的能力，比如身处喧闹中，但主观上仍可感受闹中取静。因此日俳多残月、凋花、落叶、孤雁、飞蛾等意象。日俳的题材基本都来自大自然，涉及人造物体的很少，涉及抽象概念的几乎没有。下面我们给出一些例子，让读者自己去分辨:

日本俳句:

1) 日语原文: 庭掃きて雪を忘るる帚かな
汉语译文: 扫庭抱帚忘雪

2) 日语原文: さびしさや　一尺消えて　ゆくほたる
汉语译文: 流萤断续光，一明一灭一尺间，寂寞何以堪。

3) 日语原文: 鳴くな雁　今日から　我も旅人ぞ
汉语译文: 雁别叫了，从今天起，我也是漂泊者啊!

4) 日语原文: 愿うことあるかも知らす火取虫

汉语译文：谁知生平愿，或见飞蛾自投火，心有戚戚焉。

5) 日语原文：马に寝て残梦月远し茶のけぶり
汉语译文：迷蒙马背眠，月随残梦天边远，淡淡起茶烟。

而中国三行诗的美学特征与日本俳句的美学特征在很大程度上恰恰相反。总体来说，中国三行诗所表现的美学特征是钟灵、毓秀、灵动、积极、启迪、励志等等。这是因为，中国三行诗一方面继承了中国传统美学的情趣与特征，另一方面也表现了当代美学的情趣与特征。中国传统诗歌的美学特征有儒家的里仁为美、美善统一；道家的天人合一、潇洒飘逸；禅宗的空灵顿悟、万法于心，还有深植于中国儒道释文化核心里的意境说；中国当代诗歌美学的特征反映了在当今全国人民进行改革热潮下产生的新风尚、新思想。具体地说，中国三行诗多表现积极的、上进的、进取的世界观、人生观、家庭观、爱情观、勤劳观、父爱情、母爱情、故乡情等等。比如：

中国三行诗：

1. 积极的儒释道思想：

1) 《圆规》含天盖地/佛道释的/祖师 (徐英才)

2) 《桥》用躺平的身躯/与河流组成"十"字/度了往来人 (闻达)

3) 《道》茫茫人世/桥能通向彼岸/善能走入人心 (程家惠)

2. 积极的人生观：

1) 《时间的价值》把时间敲进键盘/打印出来/化作墨香飘逸(徐英才)

2) 《撞响秋天》在火热与苍凉的罅隙/一片黄叶/正吹亮生命的颤音 (王传顺)

3) 《人》一捌一捺易写/站立成人/难 (静好)

3. 积极的家庭观：

1) 《翅膀》左手拉着爸/右手拉着妈/我是一只会飞的鸟 (徐英才)

2) 《情》老屋是父母身边的宠物/我每次归来，它都高兴地/将尾巴，摇成了炊烟 (刘和旭)

3) 《踏青归来》把鸟鸣装进衣袋/从失火的山坡采一束杜鹃/让春天 和我一起回家(沈竞雄)

4. 积极的爱情观：

1) 《三月》竹林外，桃花正闹春/一对紫燕——/暗藏枝间，倾听彼此的告白(老厚)

2) 《妻子》你那画里/有秀丽的山水，可爱的花草/唯独少了你自己 (程家惠)

3) 《花的世界》无数雨花簇拥着/一朵油纸伞花　花下拢着/一对盛开的心花 (徐英才)

5. 积极的勤劳观:

1) 《老农》一把锄头/硬是把太阳从东边拽到西边/然后捎着月牙下山 (徐英才)

2) 《并非传说》没见过铁棒磨成针/见过母亲用数十个寒暑/磨平了衣板上的木棱(徐英才)

3) 《别样书法》婆婆丁字不识/一根针线纳出的正楷/让方块儿们争着跑来认亲(飘飘落叶)

6. 积极的父爱情:

1) 《挑夫》一根扁担挑两头/这头挑着生活，那头挑着希望/父亲就是那个挑夫 (闻达)

2) 《路》父亲走过的路/都粗犷地深刻在他的额上/不愿遗传给我们 (徐英才)

3) 《犁》父亲的背/哪一朵泥花/不是弓着身开出(徐英才)

7. 积极的母爱情:

1) 《鹰》所有人仰望飞翔的高度/唯有母亲，只瞅/翅膀上的撞痕 (如意萍儿)

2) 《母亲端来的欢笑》热腾腾地/回响在饭桌上/萦绕全家(徐英才)

3) 《并非传说》没见过铁棒磨成针/见过母亲用数十个寒暑/磨平了衣板上的木棱(徐英才)

8. 浓重的故乡情：

1) 《脚下这片热土》不论我身在何处/我的根/都深深地深植于故乡(老厚)

2) 《故乡的红茶》每一呷/都沁入我的心扉/浓甘辛苦 (周瀚)

3) 《狗尾巴草》茸茸小手，在农村留守/等那些痒从城里回来/再拉一次勾勾 (绿柳枫)

9. 积极的励志思想：

1) 《鹅鹅鹅》纵然人心难测/江湖险恶 都昂首挺胸/一路高歌：我就是我！(程家惠)

2) 《光》哪怕一路荆棘/永远大步直直地走/从不退却，从不绕道 (徐英才)

3) 《根》深深地扎下去/是为了高高地/挺起来 (寒山石)

4) 《坚强》是悬崖上的瀑布/一边流着眼泪/一边挺起胸膛(饶蕾)

5) 《盆景》铁丝/缠牵了他小小的生命轨迹/缠不住他揽天的宏愿 (徐英才)

6) 《钢钎》要想在生活中/站住脚，必先/接受艰苦地锤炼 (文源)

10. 哪怕写景，中国三行诗也多积极性：

1) 《点燃》寒风，从雪地里吐出梅/梅举着火/焰，向寒风招摇 (黄棘)

2) 《春天来信了》二月/握一杆梅花笔 /狂草她在丛中笑 (郑军科)

3) 《枫叶颂》即使，剩下最后/那滴血/也要染红江山 (残文)

4) 《瀑布》谁说没有龙/诺日朗下/它鳞光闪闪从云雾中轰鸣而来 (徐英才)

5) 《油菜花》牧童一横笛/就吹出/铺天盖地的金黄 (项美静)

6) 《落日》辉煌的基因/让你在沦陷之际/还要书写，最后的壮丽 (沈竞雄)

11. 哪怕写境，中国三行诗也多带激励性：

1) 《岩松》！ 幡然勒住一匹/悬/崖 (唐淑婷)

2) 《油菜花》牧童一横笛/就吹出/铺天盖地的金黄 (项美静)

3) 《河流》穿过峡谷/绕过山峦/向着大海 书写曲折的美丽(沈竟雄)

4) 《街 景》雨后的马路/车轹，碾碎了一地的星星/只有一个盲人，在认真做着星探(天端)

5) 《花的世界》无数雨花簇拥着/一朵油纸伞花，花下拢着/一对盛开的心花(徐英才)

6) 《老农》一把锄头/硬是把太阳从东边拽到西边/然后捎着月牙，下山(徐英才)

12. 现实性

1) 《听潮》维港边/百年前断裂的光流/又雄浑地汹涌了起来(白曼)

2) 《神奇》大片大片的废墟上/长不出青草/却能长出绿色的塑料(阿丁)

3) 《眼睛》一只盯钱，只盯权/用哪只/审视自己(郜玉萍)

4) 《快递哥》从心出发 把玫瑰送达/一声“谢谢”在他脸上/播下一抹彩霞(程家惠)

5) 《中华民族》苗壮回蒙水土高....../56 个兄弟姐妹孕育 56 种/奇花异草 点缀山河的美好(程家惠)

6) 《丢失的日子》翻看日历/2020 处/一个虫蛀的大窟窿 (徐英才)

当然，世界上少有绝对的事情，日本俳句与中国三行诗也不例外。上述例子不表示所有日本俳句都是残月、凋花、落叶、孤雁、飞蛾等，所有中国三行诗都是积极向上的。它只是说明，总体情况大抵如此。

七、中国三行诗与汉俳的区别

我们在前一章讨论了"中国三行诗与日本俳句的区别"，其中已经从比较的角度对中国三行诗进行了比较详细的探讨，为避免赘述，在这里，未免会多着力于对汉俳的讨论。了解了什么是汉俳，大家自然也就知道了中国三行诗与汉俳之间的区别。另外，由于汉俳来自日本俳句，所以，在讨论汉俳的过程中，难免首先需要说明汉俳与日俳的关系。

一、从外部形态看中国三行诗与汉俳的区别

从外部形态看，汉俳不但固定在三行，每行的字数都有规定，是五-七-五，即第一行五个字，第二行七个字，第三行五个字，共十七个汉字。汉俳押尾韵，多数押 AAA，也有押 ABA，也有押 ABB 的。汉俳创始人赵朴初老先生首创的三首汉俳，押的都是平声韵。后来的模仿者，有人因不知道绝、律句多押平声韵这一说，常有在汉俳中采用平仄通押这个忌讳的方法，即三个尾韵里，既有平声字也有仄声字。汉俳一般都用现代人写的古汉语写出，意思就是，现代人模仿文言文写出来的汉语。真正的古汉语，具有时代的特征，先秦的上古汉语与其后的古汉语不但在发音上有很大区别，在文字文法上都有区别。现代古汉语具有现代文法的特征。汉俳创始人赵朴初老先生的汉俳没有标题，但后来的追随者也有设置标题的，或者不设标题但给出范围指向的，比如：新年贺词、咏春诗等等就是未设标题但设置了范围指向的。汉俳也有连写的。汉俳形式上的这些要求使它很容易被辨识。

中国三行诗全篇虽固定在三行三十字左右，但每行的字数没有规定，更无需押韵。中国三行诗属于中国新诗范畴，

所以，都用现代汉语写成。中国三行诗都设有标题。

二、从内在结构看中国三行诗跟汉俳的区别

从内在结构看汉俳，它有三个重要特点：

(一) 用力均匀
(二) 不屑交错
(三) 字表为上

为了解汉俳的这三个重要特点，我们最好先了解一下汉俳的历史。

汉俳由赵朴初老先生定型。1980 年 5 月 30 日，在接待日本俳人协会访华团时， 赵朴初老先生诗兴勃发，参考日本俳句的十七音，依照中国传统诗词的创作手法，即席赋诗一组，共三首，每一首都按五-七-五/十七个汉字写成，押平声尾韵。如下：

例1.

上忆土枝翁
囊书相赠许相从
遗爱绿荫浓

例2.

幽谷发兰馨
上有黄鹂深树鸣

喜气迓俳人

例3.

绿荫今雨来
山花枝接海花开
和风起汉俳

赵朴初老先生写这三首汉俳的动因是模仿日本俳句，但与日本俳句又有很大区别。日俳是十七音，不是十七个音节。日语的十七音少则相当于中国汉字的七、八个音节/字，多则相当于中国汉字的十一、二个音节/字。而汉俳是十七个汉语音节，也就是十七个汉字。日俳绝对不押韵，而汉俳是必须要押韵的。日俳只允许一个句式，而汉俳常常是三个句式。

(一) 汉俳的第一个重要特点是用力均匀

日俳讲究行文节奏，它必须是带节奏性的一气呵成。日俳这个带节奏且一气呵成的特点是由四大行文技法完成的。第一个行文技法就是，日俳只允许在诗里出现两个意象。一般来说，这两个意象中，一个是采用短语呈现的，一个是采用主谓句式呈现的。第二个行文技法就是，这两个意象必须相互关联，其中一个必须能够刺激另一个，以引起联想。第三个行文技法就是，两个意象中，第一个意象后要给出一个切字以提供间歇，为跳跃到刺点上做准备。从短暂的间歇，跳跃到刺点。第四个行文技法就是，整首俳句，必须一气呵成。所谓一气呵成，就是在一个句式里完成。把这些归纳在一起，就是短语加主谓句，中间有一个切字，一个意象干涉另一个意象。整首诗一气呵成。

一气呵成，对日俳来说至关重要，因为两个意象的设立是为了它们互相对撞成点睛之笔。所以日俳绝不用韵，因为韵会阻断这种似连非连，似断非断的效果。比如日本著名俳人松尾芭蕉的名俳：

例1.

古池塘
青蛙跃入
水声响

“古池塘”是第一个意象，它是一个短语。在日语里，这个短语后有一个切字给出的间歇。现代汉语里没有这样的切字，因此翻译用断行来表示间歇。“青蛙跃入”是第二个意象，它跟后面的“水声响”构成一个主/谓/补结构。第一个意象“古池塘”与第二个意象“青蛙跃入”对撞成“水声响”，以此揭示千年沉寂后的突然一声响，喻人的突然开悟这个主题思想。

而绝大多数汉俳中，每一行里的三个标识都强烈地表示各自都是一个完整句式。第一个标识是主谓句，绝大多数汉俳的每一行都是用主谓句呈现的。第二个标识是尾韵，绝大多数汉俳每一行都押韵。当然，押两个韵的也有。第三个标识是断行，汉俳被断成三行。主谓、尾韵、断行这三个标识都表示结束。因此，在节奏上和句意上，汉俳三行里的每一行都是平行独立的。比如赵朴初老先生的著名汉俳：

例2.

绿荫今雨来
山花枝接海花开
和风起汉俳

第一行：主谓句加韵并断行；
第二行：主谓句加韵并断行；
第三行：主谓句加韵并断行。

所以，不难看出，日本俳句的行文重在递进，从两个意象的呈现递进到主题这个高潮；而汉俳用力平均、行文均衡、少有递进，不在乎跌宕起伏。

与汉俳恰恰相反，中国三行诗注重集中用力、行文跌宕，层层递进，毕其功于一役，直奔主题，把作品推入高潮。中国三行诗的行文过程恰似一个运动员的跳远过程，起跑（呈现对象），踏板（具化对象），弹跳（升华主题）——直至诗的远方。关于这个过程，我在本书理论篇第三章“三行诗内在结构之解析”里给出了大量的例子，这里仅举一例：

例3.

感叹号

倒立了一生
每天都在感叹
那些容易弯曲的事物

(王立世)

标　题：呈现诗的叙述对象，说明这首诗要写有关“感叹号”的事。

第一行：具化诗的叙述对象，指出它的特征是“倒立了一生”。

第二和三行：与上一行一起，升华对象，揭示有些人不能坚持真理的主题思想。

(二) 汉俳的第二个重要特点是不屑交错

从字数与行数来看，汉俳全部奇数。汉俳三行，这个“三”是个奇数；汉俳第一行五个字，是奇数；第二行七个字是奇数；第三行五个字还是奇数。汉俳第一行五个字如果可以加在第二行的七个字上本来是十二个字的偶数，但如上所说，汉俳每一行都是一个表示结束了的完整句式，它们在句意上都是各自平行独立的，并不能连接在一起构成一个句式，因此它们不能相加。

汉俳浑身上下都是奇数，没有一处是偶数，所以在行文节奏上，它没有交错、没有对称、没有变化，这加重了汉俳的无变化性，使其更加平板均匀。

更重要的是，中国漫长的美学演进史，养成了我们中国人的眼睛、耳朵、大脑都非常适合阴阳交错的审美习惯。我们的建筑都是对立统一的，左边有飞檐，右边必须也要有飞檐，没有的话，中国人看上去就会感觉极不舒服。中国古代绝句，因为每行五个或者七个字，是奇数，因此必须要把它写成四行，使它们两两相对。绝句里的“起、承、转、合”，从文章需要开头——内容——结尾这个结构来说，本来只需要“起、转、合”，并不需要“承”。“承”的其中一个重要作用，就是使奇数变成偶数，使三行变成四行，使其两两相对。两两相对了，五五相加是十，那是偶数；七七相加是十四，那是偶数。奇偶相交，就有了阴阳对立，就有了互为交错。

哪怕十六字令，每行都是奇数：一/七/三/五字，但在意念上，第一行和第二行是一个完整的意念，一加七等于八，是个偶数；第三行和第四行是一个完整的意念，是三加五，也是八，是个偶数。因此，它也是奇偶相交、阴阳对立，互为交错。

比如毛泽东的三首十六字令《山》：

例1.

山，
快马加鞭未下鞍。
惊回首，
离天三尺三。

例2.

山，
倒海翻江卷巨澜。
奔腾急，
万马战犹酣。

例3.

山，
刺破青天锷未残。
天欲堕，
赖以拄其间。

比如宋朝蔡伸的十六字令《天》：

例4.

天！
休使圆蟾照客眠。
人何在？
桂影自婵娟。

比如宋朝张孝祥的十六字令《归》：

例5.

归，
猎猎薰风飐绣旗。
拦教住，
重举送行杯。

上面毛泽东的第一首十六字令里，第一行的“山”与第二行的“快马加鞭未下鞍”是一个意念：“山，快马加鞭未下鞍”。其中的“山“是一个字，是奇数；“快马加鞭未下鞍”是七个字，是奇数，但一加七等于八，这个完整的意念是八个字，是偶数，这就有了阴阳交错、对立统一。第三行的“惊回首”三个字与第四行的“离天三尺三”是一个意念：“惊回首，离天三尺三”。“惊回首”是三个字，是奇数；“离天三尺三”是五个字，是奇数，但三加五是八个字，这个完整意念是八个字，是偶数，这也就有了阴阳交错、对立统一。另外，虽然每行的字是奇数，但每两行形成一个意念，一个意念的行数是偶数，也是阴阳交错、对立统一。其它十六字令的例子都是如此。

不说中国人的审美习惯喜欢阴阳交错、对立统一，其实，全世界都是如此。就拿音乐来说，你知道钢琴的键为什么黑白交错吗？你知道笛子、箫、葫芦丝等音孔的间距为什么长短不一吗？你知道为什么二胡、小提琴、大提琴等弦乐乐器按弦时指宽不等吗？这些都是阴阳交错、对立统一的原因。1、2、3、4、5、6、7 七个音阶，其中的 3 跟 4 是半音阶，7 跟高音 1 也是半音阶。半音阶是一度音，全音阶是两度音，因此七个音阶是十二度音。七是奇数，十二是个偶数，这就有了交错。这十二个音度又蔓生出 12 个音乐调式，这就使我们既能表现悲伤又能表现快乐。表现快乐、开心、明快时，我们常用大调；表现忧愁、悲伤、郁闷时我们常用小调等等。这也就是为什么日本俳句非常强调用短语呈现一个意象，用完整句呈现另一个意象，用切字形成间歇，整首诗必须一气呵成的缘故。短语与完整句形成一个交错；一气呵成使五音的奇数与七音的奇数相加成十二音的偶数，或者反过来，七音的奇数与五音的奇数相加成十二音的偶数，形成阴阳交错，对立统一。唯独汉俳没有丝毫一点点偶数，没有一点点阴阳交错，对立统一。

奇数为阳，偶数为阴。阳为动，动则不稳定；偶为静，静则稳定。诗歌作品需要阴阳交错、对立统一，方能动静相宜、方能悦耳动听，方能有利记忆在心。汉俳的全部奇数，汉俳的全阳，使其结构出奇的不稳定，加上内容上的平板均匀，这是它读之如过眼烟云极易忘却的根本原因。它的结构，不是为了形成高潮加深印象强化记忆设置的。这就是为什么我们读过的汉俳没几天就烟消云散不再有任何印象的缘故。但是，如果我们遇上一首出色的中国三行诗，我们会久久地难以忘怀。

中国三行诗，每行字数不限，不带尾韵。没有字数的束缚，尾韵的羁绊，创作者可以用最适合彼时所写题材的字数、字词，前后上下地安排来表达其节奏，或使其珠玑落地、清脆悦耳，或使其阴阳顿挫、节奏分明，或使其颗粒饱满、铿锵有力等等。中国三行诗三步一曲的内在构造、一切皆为作品升华的创作手法，在意念上，就像一个运动远跳远的过程：起跑、踏板、弹跳——直至诗的远方。中国三行诗的结构，可以使作品起于涟漪，叠出波澜；可以使作品始于滴水，涌成高潮；可以使作品栽于小苗，茁成大树；可以使作品初现沙粒，折射大千等等。

中国三行诗灵活的结构，可以表现各种题材，给出各种艺术效果。关于三行诗的表现力，我在本书理论篇第五章“三行诗的表现力”里已经给出了大量的例子，这里仅举几例：

例6.

黎明

夜　开始分娩
一个颠覆基因的伟大婴儿
即将诞生
(沈竞雄)

注重言外深意：黑夜过后，旭日东升。

例7.

听潮

维港边
百年前断裂的光流
又雄浑地汹涌了起来
(白曼)

注重言外深意＋气势：香港的回归。

例8.

瀑布

谁说没有龙
诺日朗下
它鳞光闪闪从云雾中轰鸣而来
(徐英才)

注重言外深意＋气势：多么宏伟的气势啊！

例9.

花的世界

无数雨花簇拥着
一朵油纸伞花　花下拢着
一对盛开的心花
(徐英才)

注重言外深意＋意境：在相爱的人眼里，世界是多么美好啊！

例10.

归

白雪
黑伞
朝迷蒙深处的炊烟游动
(徐英才)

注重言外深意+意境：风雪交加，家，是最温暖的地方。

例11.

异乡小镇

潮湿的站台上
风卷起一片落叶

跟着一位孤独的到站人
(徐英才)

注重言外深意+气氛：多么地孤伶啊！

(三) 汉俳的第三个重要特点是字表为上

我们先来读几首汉俳，看看汉俳是否比较注重字面含义。

例1.

一村三好汉
松涛翻滚金光闪
勋章垂天堑

这首汉俳不带标题，它的三行只表达了三行的字面含义，没有言外之意。它的第一行“一村三好汉”仅表达了一个村子里有三个了不起的村民；第二行“松涛翻滚金光闪” 仅表达了松涛在阳光下闪闪发光；第三行“勋章垂天堑”仅表达了他们获得了勋章，就这些字面含义，其它就再也没有了。

例2.

新年寄语

飞雪漫天飘
一枝寒香吉祥到
春光多妖娆

(清风趣文)

这首汉俳也不带标题，只是设了一个范围："新年寄语"，在这个范围下，还有其它好几首，这里仅摘录其中一首。这首诗押了三个平仄混合的尾韵，一行的"飘"和三行的"娆"是平声韵，二行的"到"是仄声韵。它的三行也只表达了三行的字面含义，没有言外之意。第一行"飞雪漫天飘"仅表示下雪了；第二行"一枝寒香吉祥到"仅表示雪中有梅花，它预示吉祥；第三行"春光多妖娆"仅表示春光美好。就这些字面含义，其它就什么也没有了。

例3.

庸官遭免

庸官忒荒唐
竟把战场作戏场
一边去风凉
（高勇）

这首三行诗带有标题，它的三行也只表达了三行的字面含义，没有言外之意。它的第一行"庸官忒荒唐"只表达了"昏庸的干部非常荒唐"；第二行"竟把战场作戏场"只表达了他们不好好工作，把防疫当作儿戏；第三行"一边去风凉"只表达了让他们滚蛋，其它就什么也没有了。

当然，这些例子是我在网上找到的，可能会有所偏颇。但是，纵观汉俳，绝大多数十七个字基本都只表达了十七个字的字面含义，能有言外之意的作品少之又少，因为汉俳的平铺直叙式结构不是为言外之意设置的。读这样的小诗，就像用小酒盅喝白开水，不解渴。小酒盅里一定要装有带有后劲的好酒方才值得使用小酒盅。

中国三行诗，贵在言外之意。纵观中国三行诗，饱含言外之意的作品太多太多了。为什么，因为三行诗的跳远式结构非常适合表达丰厚的言外之意。比如：

例4.

时间的价值

把时间敲进键盘
打印出来
化作墨香飘逸
(徐英才)

字面含义：仿佛是在写埋头创作的事；
言外之意：其实是在写人生的价值。

例5.

孤独

是座岛
睁开双眼
即拥有无垠的海
(饶蕾)

字面含义：仿佛是在写孤独；
言外之意：其实激励人们冲破它。冲破了它，就拥有了辽阔的大海。

例6.

友

江湖，在推杯换盏中
谋
虑
(蒋雯)

字面含义：仿佛是在描写朋友间的友情；
言外之意：其实友情背后隐藏的是尔虞我诈、不折手段。

例7.

夹缝的树

东扭西拐　寻找
光明　虽其貌不扬
心里　却活着太阳
(残文)

字面含义：仿佛是在写一颗扭曲的树；
言外之意：其实是表现人的内心世界比外表要来得更重要。

例8.

视力

待看透人生时
往往
已模糊不清
(寒山石)

字面含义：仿佛是在写视力；
言外之意：其实是在写人生。

例9.

父亲的背

山脊梁
弯
也弯得 硬
(唐淑婷)

字面含义：仿佛是在写父亲的背；
言外之意：其实是在写父亲的坚毅

例10.

美国自由女神像

做女人不易
做全世界向往的女人谈何容易?
我注意到了她的脚，未被缠过

(天端)

字面含义：用美国自由女神像
言外之意：告诫中国妇女要打破传统的束缚。

例11.

命运

人生万花筒
转出
陆离光怪
(冷慰怀)

字面含义：用万花筒
言外之意：描写纷繁复杂的人生。

例12.

卵石

父亲是大山
母亲是流水
于是你成了外柔内刚的孩子
(沈竞雄)

字面含义：用野外的景色
言外之意：比喻家庭关系。

例13.

原野

前额挺起一片原野
足够放牧诗这匹赤兔马
还有，我的江山
(项美静)

字面含义：从人的前额
言外之音：写到诗心，它可以容纳整个世界。

简而言之，中国三行诗与汉俳的内在区别在于：汉俳的三行着力平稳、秋色均匀，文字不需对立统一、不需阴阳交错，内容不追求跌宕起伏、突入高潮，注重字面、带有古意；而中国三行诗，全部努力在于毕其功于一役，赢得丰厚深刻的言外之意。

八、什么是优秀的三行诗

达到下列标准的任何一条，都是优秀的三行诗。

一、意象生动、喻意新颖

世上的物，用在诗里叫物象；世上的事，用在诗里叫事象；赋予事象或物象以意义，它们就叫意象。

世上万事万物，皆可入诗，本不存在哪些生动哪些不生动。物象与事象是否生动，关键在于赋予它们的喻意。喻意恰到它们的好处，突出了它们的特征，升华到了该特征的内质，特征与喻意融汇到了形象和意义迸出火花的高度，意象自然就生动。比如就拿气压锅这个物象来说，它本身并没有生动与不生动的区别。假如你赋予它以胖乎乎的喻意，把它比作一个大胖子，赤着膊喘气，它就不很生动，因为气压锅特征的关键是“气”和“压”，不是“胖”和“喘”。你突出的不是它们本质的东西。所以，关键要在“气”与“压”上做文章。假如你把它比作人的脾气，赋予它易怒的秉性，加温到一定程度就会爆发宣泄，就恰到了它的好处，不但突出了它的“气”与“压”的特征，还升华了这个特征、触及到了它的内在本质，让读者读后，感悟到有些人确实具有类似气压锅的秉性。气压锅的这个特征与人的这个秉性碰撞在一起迸出了火花，这样的意象相对就生动多了。

例1.

气压锅

不停加火
一旦找到气口
当然怒气冲天，一泄而出
（徐英才）

这首三行诗，采用了象征的手法进行创作，用正在烧菜的气压锅来象征一个正在发脾气的人。气压锅越烧压力越大，烧到一定程度，就要释放压力，排出气体；人在发火时，如果有人在一旁煽风点火，不停加温，一旦找到出气口，他自然也会怒气冲天，一泄而出。这首诗，赋予气压锅类似人“脾气”的“气”与“压力”的“压”。赋予它这两个喻意比赋予它“胖”和“喘”的喻意相对生动得多。

意象除了要生动，还要新颖。使用意象，最忌老生常谈、陈词滥调，毫无新意可言。比如用鸽子表示和平、用金子表示闪光，美人都是桃面柳腰、才子都是学富五车等等。第一个人使用“麦浪滚滚”，那是创意，那是新颖生动；第二个人使用它，那叫依样画葫芦，没有新意；第三个人使用它，那是老生常谈、陈词滥调。诗人的任务，就是要赋予物象或事象以新的喻意，用它来表现主题，想别人所未想到，写别人思所未及。写诗难就难在意象要新颖别致。它来自诗人的灵感、诗人的诗之细胞。比如把熨斗比作“好汉出脚，专踏不平事”。那是首创，是赋予了物象以新的含义。

例2.

熨斗

好汉一出脚

专踏
不平事
(唐淑婷)

如果说一首好诗是赋予了物象或者事象一个新意，而这个新意是别人没有想到却又神合了它内在本质的东西，那么，一首传世佳作，便是赋予了物象或者事象的喻意达到了别人所不能企及的高度，也就是别人无论怎么写这同一题材，都不能赋予这个物象或者事象更为恰如其分、更为生动深刻的喻意了。熨斗就是一首这样的好诗。

所以，一首好诗，首先要意象生动、喻意新颖，不能人云亦云，步人后尘；一首隽永的传世佳作，首先必须是赋予了物象或者事象以别人的思维所没有企及的高度，触及了物象或者事象的本质，并激发出了奕奕的思想火花。

二、 身纤意丰、张力紧绷。

一首优秀的三行诗，虽然只有短短三行，但它的含量要超过三行的字面含义。含量丰厚了，文字就有了张力。张力是三行诗的生命。张力紧绷的三行诗，一般都是好诗。如果一首三行诗只表达了三行的字面含义，那就像小酒盅装了白开水，精淡无味。下面这个故事很有启发性。

有人去老师家学写诗，问什么是优秀的三行诗?

老师没有立刻回答他，却拿出一只比大拇指稍大一些的小酒盅，让他满满地斟上一杯白开水喝。喝完，老师又让他再满满地斟上一杯继续喝。喝完一杯又一杯，喝了七、八杯。他实在忍不住了，就说："老师，喝白开水为什么不用大杯，一下子可以喝个痛快。"

老师说："嗯，你对什么是优秀三行诗有点开窍了。"于是，老师又拿出一只高脚大酒杯，满满地倒上一杯烈酒让他喝。这学生看着那一大杯烈酒，犹豫了半天，开玩笑地说："老师，如果我把这么一大杯烈酒喝下去，恐怕就会醉得爬不起来了。"

老师说，"嗯，你对什么是优秀三行诗又开窍了很多。"于是，老师又拿出一只小巧的三脚杯，斟上一杯五粮液给他的学生，让他喝。

等学生喝完后，老师问他："好喝吗？好在哪里？什么是优秀的三行诗，你懂了吗？"

这个学生很聪明，他对老师说，"老师，我懂了！一首三行诗，既然用那么小巧的形式来写，就必须要像用三脚小酒盅来装好酒那样，不但喝着要一呷入心、甘美、醇厚，关键是要有后劲，喝后余味不散。如果满杯装的是白开水，水中没有其它滋味，喝后没有回味，那就不值得用小酒盅来装。好酒贵在水中有料，喝时甘甜香醇，喝后后劲绵长；好的三行诗贵在诗里有料，味在诗外，读时打动人心，读后回味犹存。"

老师说，对，一首优秀的三行诗，不能仅仅只表达三行的内容，它必须要有深厚的内涵，丰盈的言外之意；它必须身纤意丰，张力紧绷，后劲绵长；要能一滴水见大海，一拨土见高山，些微里是一个大千世界。这样的诗才值得用三行来写。如果没有深厚的内涵、丰富的言外之意，三行只有三行的含义，像白开水一样，无论书里印了多少首，报纸上载了多少首，很少会有人有兴趣一首首地读下去。试想，谁会用小酒盅一杯杯地去喝白开水呢?

当然，这是一个杜撰的故事，但它所表达的含义不无道理。

那么，诗歌的张力来自哪里呢？诗歌的张力，不是靠压缩文字。也就是说，不是靠删字减词来获得的。压缩文字主要是剔除赘字，使文字精炼。它虽然也重要，但它仅仅只能丰厚诗的内涵，而并不增加诗的外延。诗的外延来自成熟的创作技巧：比如构思的巧妙性、丰富的联想性、意象的多义性等等。为了获得丰富的外延，诗人常用留白、象征、叠加、双关等等手法。下面略举几例：

例1.

思乡

蝶
恋
花
（盛坤）

这首诗仅仅三个字，它构思巧妙，借用了中国古代诗词的词牌名来表现作品的主题思想。读完这首诗，你眼前会浮现蝴蝶在花丛里翩跹的情景，脑子里会出现依依不舍的怀乡之情。这首三行诗的字面含义是：蝴蝶眷恋着花朵。这是它的内涵。但它还有一层言外之义，那就通过蝴蝶对花的眷恋让人联想到对家乡的怀念之情：蝴蝶恋着花，家乡也繁花似锦，你对家乡的恋情就像那蝴蝶常在花朵上徘徊不舍一样。这个言外之意来自哪里呢？它来自作品的标题与内容的巧妙配合。“思乡”这个标题让读者在读“蝶恋花”这三个字的时候，朝着怀乡之情去思考。

例2.

诗情

路在我脚下走着
河在我体内流着
路没走到尽头 河就一直流
(沈竞雄)

这首三行诗，也采用象征手法写成。“路”在这里象征“人生之路”，“河”在这里象征“诗情”。这个象征手法强化了作品的张力，激发了作品的言外之意。因此，读者读到的不但是作品的字面含义：路在我脚下走着，河在我体内流着，只要我还在走，这条河就会一直流下去。读者从这些象征中还读到了它们的言外之意，那就是，只要我的生命不息，我的诗情就不止。可见象征对于诗歌的张力，对于激发言外之意的作用。

例3.

麻将

把时间垒起来
全打出去
留一张白板
(穆仁)

这首三行诗，内涵与外延都极其丰厚。它用十五个字把很多人耗费时光，醉心麻将，到后来一事无成的情形描写得淋漓尽致。它文法规范，一读就懂；文字精炼，没有赘肉，也没有残缺；行文不急不躁，没有因过度删字而疙疙瘩瘩。最重要的是，它采用了借代的修辞手法，把“花时间”和“垒麻将”两层含义叠加在一起：“把时间垒起来”，增加了文字的内涵，也增加了诗歌的外延。特别是最后一行“留一张白板”。它一语双关，既指手中的牌“白板”，也指人生。打牌是本诗的内涵，人生是本诗的外延。

例4.

空椅子

路灯几度点亮
它仍在等待
那些醉人的蜜语
(徐英才)

这首三行诗的张力来自留白。在用白描手法交代了“路灯几度点亮”以示数日已过后，作品用拟人手法升华主题：“它仍在等待/那些醉人的蜜语”。这首诗之所以能够打动人，是因为它在升华主题时所给予的留白。它说，空椅子“仍在等待/那些醉人的密语”，但不告诉你椅子上曾经坐着的是什么人，他们为什么没有再来，椅子为什么还在等，而且等的还是令人陶醉的密语。这些，激发了读者的想象。读完这首诗，读者不禁会揣摩很多问题。比如：

(1) 他们会揣摩，经常光顾这椅子的究竟是什么人？要不，椅子为什么“仍在等待”？“等待”？等谁？这行“它仍在等待”就埋设了一个留白，引发读者去思考经常光顾这张椅子人的身份？

(2) 他们会揣摩，既然是“醉人的蜜语”，来的是不是一对恋人？这“醉人的蜜语”就埋设了另一个留白，引发读者思考两个来者的关系？

(3) 他们会揣摩，这对恋人这些天为什么不再来了？是感情破裂了，还是病了，还是其他什么原因？这“它仍在等待”里的“仍”就具有这样的张力，使读者思考他们缺席的原因？

(4) 他们还会揣摩，不论怎样，这对恋人一起坐在椅子上缠绵缱绻的情景一定非常温馨、非常感人，要不为什么连椅子都还在等待呢，等等。

所以，一首好诗，除了意象要生动、喻意要新颖，还要身纤意丰、张力紧绷。三行诗不能仅仅只表达三行的含义，要把丰富的言外之意埋设在诗里，使读者读到的是短小的三行诗，而体会到的，则是一首厚实、丰盈、颇具外延的大诗。

三、意义现实、主题深刻

诗歌是语言的产物，不同时代的语言，产生不同的诗歌形式。语言以单音节词汇为主的先秦，产生了以单音节词汇为主的《诗经》；传说中国最早的韵书是魏时左校令李登的《声类》，于是唐以前便就有了古体诗；到了唐被确定了下来，于是有了绝句与律句。现代汉语以双音节词汇为主，于是产生了新文化运动，反对文言与八股。因此，我们今天写诗，必须以现代汉语为语言基础。

回顾中国诗歌史，大凡隽永传世之作，无不具有现实意义，比如始于西周止于春秋创作的《诗经》里的诗歌，大多描写当时当地的风情；比如战国后期屈原写的长诗《离骚》，倾诉了诗人对楚国命运和人民生活的关心，表达了要求革新政治的愿望、抒发了虽逢灾厄也绝不与邪恶势力妥协的意志；比如中国汉代乐府民歌中的长篇叙事诗《孔雀东南飞》，控诉了封建礼教的残酷无情，歌颂了焦刘夫妇的真挚感情和反抗精神，等等。三行诗是现代新诗的一种，它也应该用来反映现实社会里的点点滴滴，而不应该被用来玩花赏月、附庸风雅。

三行诗短小精悍，往往三言两语便直奔主题。同一意象，同一素材，主题往往可以不同，这就有浅显与深刻之分。我们可以用月亮表达童心、乡愁、思念、爱情等等。单就爱情来说，我们可以用月亮表达沉湎白云环绕中放浪的爱情观；不与浮云同流，一心追逐心上人的专一爱情观；望天指月用月亮做信物的忠贞爱情观等等，这就有主题深刻与浅显之分。当然，我们追求深刻的主题。主题深刻总比肤浅要好。比如：

例1.

孤独的月牙

拽着白云的衣角不舍
无情的风
抓着云袂就走
(徐英才)

这首三行诗描写了一个白云绕月的场景，用这个场景来渲染一种孤独感，表达一种情趣。

例2.

那晚

月在云里走
云在湖中游
湖在你我心窗里涟漪
(徐英才)

这首三行诗用连缀的手法描写了一对男女坠落爱河、沉浸于甜蜜爱情的场景。

例3.

月牙

是只犀角

这边是我
那边是你
(徐英才)

这首三行诗描写了男女虽然各在一方，远隔千里，但心却连在一起。

例4.

村妇

楼窗后
夜夜叹月远
今夜雪霁　又怨月太近
(徐英才)

这首三行诗描写了一位村妇深切思念其丈夫的心理变化。

这四首三行诗，都是用“月”来表达爱情。它们按表达主题思想的深浅来排列，从仅仅用月来表达一种情趣到用月来表达一种深切的思念，越往后思想内容越是深刻。从这些例子我们可以看出，同一题材，可以表达不同的主题思想，而不同的主题思想又有浅显与深刻之分。我们在创作三行诗的时候，当然力求表达深刻的主题。

至此，我们讨论了好诗的三条标准。当然，好诗的标准还有很多，这里列举的只是其中一些最主要的。简言之，凡是阅读时能够打动人的、引发共鸣的、激发联想的，读后主题或者意境能够萦绕不忘的，回味绵长的都应该是好诗。

九、三行诗创作应该注意哪些问题

本章将讨论下面七个问题

一、 诗的体积
二、 文字密度
三、 言外之意
四、 成语是非
五、 词语异化
六、 比喻辨析
七、 拟人辨析

一、 诗的体积

世界上有多种诗型可供选用，那么，我们为什么还要花时间写三行诗呢？这是因为，不同诗型有不同的特点、不同的表现力、不同的艺术效果。我们之所以花时间写三行诗，看中的是它的小巧精悍、身纤意丰，沙粒里透着大千世界、些微里折射着万事万物。三行诗的外在形态是小巧；三行诗的内在结构是有机的三段法，像体育运动里的跳远过程：起跑（呈现对象），踏板（具化对象），远跳（升华主题）——直至诗的远方；三行诗的用意是直奔主题；三行诗的价值是丰厚的言外之意。所有这一切，都围绕着一个“小巧精悍”而生发。所以，我们在写三行诗的时候，切记不要把它写得洋洋洒洒、身胖体宽。把三行诗写得洋洋洒洒、身胖体宽，有悖三行诗诗型的初衷。

但是，我们在创作三行诗的时候，常常会有一种心态，就是生怕自己交代得不够清楚、不够详细，因此写着写着，就洋洋洒洒，忘却了诗有了主旨后，有时需要的就是多义性、模糊性、多解性。不留任何空间，详细周密地写出来，联想的余地就没有了、回味的空间就没有了、解读的必要性就没有了。如果觉得非周密详细不能表达到位，那就不必难为三行诗，可以把它写成小诗、短诗、甚至中长诗。比如这首《无题》，诗是好诗，但作为三行诗，有些臃肿，过多的文字淹没了诗的精华，阻碍了主题的凸显：

例1.

无题

死是即兴的精彩，像草书的挥霍
兴之所至中包含了多少犹疑、嵯峨......
而活，是临帖，是青灯黄卷的一笔一划
(赵雪松)

这首诗，牵涉到的创作素材，完全可以成就一首小诗，甚至中长诗，不必难为三行诗诗型。三行诗贵在短小精悍，直奔主题，让人在一个快如跳远运动的瞬间，直达诗的远方。如果我们按这个要求给这首诗做一个瘦身运动，其肌肉会立马显现，其魅力会更加突出：

例2.

死　即兴的收笔
如草书挥霍时意犹未尽......
活，是临帖，是一笔一划

如此一瘦身，它就突出了这样一个主题：死，是忙忙碌碌人生的嘎然而止，虽然意犹未尽；活，是事必躬亲的人生的劳累。三行诗的特点，就是在一个快如跳远运动的瞬间到达诗的远方。

当然，矫枉切莫过正，不要为了短小精悍，该交代的没有交代，该描述的没有描述，使读者如坠云雾，不知你想说什么。三行诗固然需要短小精悍，但需要表达的必须要表达到位。三行诗不是没有答案的哑谜，诗内必须供有足够的线索供读者探索作者的创作意图，它或是一个含义深刻的主题、或是一个氛围萦绕的意境、或是一个诗意盎然的画面。比如下面这首三行诗，就属于为了追求短小而用力过猛，出现了缺胳膊少腿的现象。它有点像没有线索的哑谜，读者永远无法解开它的真正含义：

例3.

死

意
味
生
（佚名）

这首三行诗有点短小到了过于武断，没有提供足够的线索让读者去探索诗人的创作意图，也就是说，死为什么就意味着生的答案。如果是，那又怎样？它缺少一个用来表达作者对死的所思所感的升华。

与其说这是一首诗，不如说它是一个结论。写诗不是为了像论述文那样给出一个结论，而是为了表达作者的所思所感，即作者的内心世界对外部事物的反应所产生的情感。诗，说到底，就是用如画的语言去表现作者的情感所致。同样一个东西，不同的人会有不同的心理反应，这个反应达到了诗的高度，会写诗的人就可以把它写成诗。有人看到秋叶，心理产生了一种辉煌的感觉，他就可以写一首诗，把这种辉煌的感受表达出来；有人看到秋叶，产生一种凋零的感觉，他就可以写一首诗，把这种凋零的感觉表达出来，等等，而不是给秋叶下一个结论。根据这个道理，我们可以揣测不同的人对死可能产生的不同感受，然后根据这些感受来修改这首诗，可能的结果会有：

例4.

死

即
生
易作它物飘然而去吧了

例5.

死

即生
要不
汶川英雄为何一直屹立在我们心中

例6.

死

一种嘎然而止
像掠空而去的大雁啼鸣
销声匿迹

等等。

这些经过升华后的三行诗，诗内就有了足够的线索，供读者去探索诗人的创作意图。第一首中添加的“易作它物飘然而去吧了”，特别是那个“吧了”，使读者能够体悟到诗人对死这种现象的视死如归的思想。第二首中添加的“要不/汶川英雄为何一直屹立在我们心中”，特别是其中的“屹立”，使读者体悟到诗人对汶川英雄的敬仰。第三首中添加的“像掠空而去的大雁啼鸣/销声匿迹”，特别是其中的“销声匿迹”，使读者同样感受到诗人对死后人将无影无踪的一种看法。

因此，我们在创作三行诗的时候，不能为了简练，而省略不该省略的文字。一首诗，无论多么简练，哪怕诗一个字，它都必须具有足够的线索供读者探索到你的创作意图。比如下面这首三行诗，虽然同样简到内容部分只有三个字，由于它埋有足够的线索供读者体悟诗人的所感所受，因此，它就是一首完整的诗，而且是一首好诗。

例7.

思乡

蝶
恋
花
（盛坤）

这首三行诗，虽然也短到内容处只有三个字，跟上面那首一样，但它却提供了足够的线索让读者去体悟诗人的创作意图。这个线索，就在诗的标题上：“思乡”。有了它，读者就会把这个古诗词词牌“蝶恋花”当作字面含义去理解：蝶即蝴蝶，恋即眷恋，花即花朵，因此整首诗的意思就是：蝴蝶眷恋着花朵，加上标题“思乡”一词的暗示，这里的蝴蝶就象征着人对于家乡的思念：这只蝴蝶如此贪恋这些花朵，我的家乡也是漫山遍野的花朵呀，它使我不由地想起了我的家乡，我对它的怀念就像这只蝴蝶贪恋花朵那样。这三个字，表达了作者对故乡的深切怀念。

二、 文字密度

文字是有密度的。表达相同的含义，所用文字少，文字的密度就紧；所用文字多，文字的密度就松。比如：

1. 把掉在地上的那本书捡起来。
2. 把书捡起来。

这两个句子表达的意思基本相同，第一句用了 12 个字，第二句只用了 5 个字，这第二句就比第一句来得紧凑。第二句紧凑，是因为它占用的空间少，需要读者阅读时花费的时间少；第一句松散，是因为它占用的空间多，需要读者阅读时花费的时间多。又比如：

1. 天上几声大雁的鸣叫声，勾起了我思念家乡的怀念，使我想跟它们一起飞行，去我的家乡。

2. 数声雁鸣勾我心魂同行。

显然，这两个句子表达的含义相近，但第一句用了 36 个字，而第二句仅用了 10 个字。第一句比较松散，第二句比较紧密。

句子紧密，能使人在阅读的时候，在眼睛扫过相对少的空间里，在使用相对少的时间里，获得更多的信息，因此阅读者能够更快更有效地理解文义；因此，我们在写作的时候，就需要讲究言简意赅。

文义有两种，一种是文字表面的含义，我们叫内涵；一种是文字以外的含义，也就是言外之意，我们叫外延。我们在这里先讨论文字的内涵，文字的外延我们留在下一个小节讨论。

获得文字丰富内涵的有效方法之一，就是删除赘字，把不必要的、可有可无的字删除掉。这在诗歌里尤其如此。诗歌是一种非常精湛的文字艺术，它需要在很少的文字里表达丰富的含义，因此，诗歌更讲究文字的精炼。但是，世上凡事都有个度，不然就会物极必反。我们在压缩文字的时候，不能操之过急，删除掉过多的文字。删得过多，会使行文疙瘩、文字难懂、诗歌艰涩。更不能删减到含义之间的逻辑推进关系断裂。比如：

例1.

初冬

怀着一颗冰释之心　雪出阁
候场的红梅
应该不会轻白
(诗匪)

这首诗就属于删减过度，造成含义与含义之间的跨度过大，大到了其中的逻辑演进关系断裂了。它从“初冬”/“怀着一颗冰释之心”大幅跳跃到“雪出阁”，再大幅跳到“候场的红梅”，最后大幅跳到“应该不会轻白”。

“冰释”来自于“冰释前嫌”这个成语。“冰释”的本意是冰融化了；成语的意思是，从前的怀疑像冰融化一样消失得无影无踪。那么，这里用的到底是这个词的本意还是成语里的含义呢？如果用的是本意，它只表示冰融化了；如果是成语的简约用法，那它就表示，冰不再怀疑了。诗人到底用的是那一层含义，我们不得而知，因为接下来是一个大幅跳跃，中间没有任何线索可供我们探索。

接着，诗人说“雪出阁”。一般来说，应该先有“雪”再有“冰”，现在初冬就已经有了冰，而后再有“雪”，为什么呢？其逻辑演进关系是什么呢？我们也不得而知。

接下来的“候场的红梅/应该不会轻白”里的“轻”是什么意

思呢？是“轻视白”，“还是轻易去白”，是欢迎它还是摒弃它？逻辑演进关系不明确，读者不知怎样去理解。

文字删减过度，失去了逻辑的演进关系，就好像给人一组数字而不给演算符号，除了出题人，无论你本领多大，也无法正确解开这道题。诗歌有时固然需要一些模糊性，但是，诗歌的模糊性并不是指文字的模糊性，文字本身还是需要明确无疑的。诗歌的模糊性，是指作品不要太过直白而言。所以，诗歌的文字需要简练，但不能简约到失去其中的逻辑演进关系。诗歌的行文，要不蔓不枝，绝不能因小失大，把文字删减到失去其中的逻辑演进关系，使读者无所适从。

纵观中国古诗词，它们虽然用古文写出，文字极其简练，我们仍然能够看清文字的脉络，其中的原因就是因为它们的行文之间有这样疏密有度的逻辑演进关系。比起其它古诗词，元代诗人马致远的《天净沙 · 秋思》一词应该算含义与含义之间跨度比较大的，但它并没有大到逻辑关系断裂而无踪可寻。我们来重读一下这首诗：

例2.

天净沙
秋思
枯藤老树昏鸦，
小桥流水人家，
古道西风瘦马，
夕阳西下，
断肠人在天涯。

(马致远)

这首诗可谓简练了，但其中的逻辑指向却并不模糊，诗的前四行都是并列关系："枯藤老树昏鸦/小桥流水人家/古道西风瘦马/夕阳西下"。这个并列关系就是逻辑的指向。我们知道，并列的目的就是叠加意象以加深印象。这首诗正是如此，在叠加了那种充满孤独感的意象后，突然跳跃到"断肠人在天涯"。这个"断肠人在天涯"虽然在行文的节奏上跨度很大，但它是从先前的并列叠加的孤独感中跳跃出来的，所以非但不模糊，而且让读者如临其境，深切感受到一个他乡漂泊者的孤独、思乡之愁。

在写三行诗的时候，我们一方面要防止含义与含义之间的跨度不能大到使其中的逻辑关系断裂；同时，我们也要防止含义与含义之间的跨度过小。三行诗里含义与含义之间的跨度过小，会使诗的行文节奏显得缓慢，诗意平淡。我们来看下面这首诗

例3.

秋风

秋风把树叶刮高　刮高　刮高
忽然不刮了
树叶落下来
(杜文辉)

其实，这是一首好诗，有形有意，有意境，它用二十二个字，表现了凡事不能依靠别人的主题思想。但如果我们稍加

斟酌，给它进行一些删加，这首诗会更加丰富多彩。

例4.

秋风

捧起杨树叶
忽见红枫
掉头而去　前爱落了下来

经过删加，这首诗也同样易读易懂，但它却用更加少的字数，表达了更加多的含义，更加多的画面，营造了一个更加生动的意境。它不但表达了同样的凡事不能依靠别人的主题思想，还表达了秋风的杨花水性，画面里不但有笼统的树叶，还有具体的杨树叶和红枫叶。一般来说，写诗，就是要在尽量少的文字里增加尽量多的含义，画面，但又不至于使作品跨度过大而失去逻辑演进关系。

可见，三行诗的行文，密度要不蔓不枝、恰如其分，太密，失去了其中的逻辑演进不好；太松，内容、画面不够生动也不好。

三、 言外之意

我们知道，三行诗体积瘦小，只有三行，充其量三十来字。如果一个如此瘦小的诗型只表达了那么瘦小的内容，也就是说，如果三行诗仅仅只表达了三行的含义，那它就会精淡无味，没有可读性。这就好像用小酒盅装白开水一样，解不了渴。既然用小酒盅来装酒，就一定要有用小酒盅而不用大酒杯来装酒的道理。这个道理就是酒度太烈，一般只能小口小口地喝，余劲在酒后。三行诗也一样，既然你用三行来写诗，就一定要有用三行这么小的形式而不用短诗、中长诗来写的道理。这个道理，就是三行诗的言外之意。言外之意之于三行诗就像烈酒之于小酒盅，是三行诗存在的理由，是三行诗吸引人的道理，是三行诗那么脍炙人口的缘由。所以，三行诗的创作，要把力气花在寻求诗的言外之意上。这里的言外之意并不仅指“含义”，而是指要有诗外的东西，比如含义，比如意境，比如谐趣，比如气势等等。

我们来看下面这首三行诗，它就比较缺乏言外之意，三行只表达了三行的含义。

例1.

昨夜的露珠

最后一滴　悬在叶尖上
不肯下落
静凝在满天星辰下

这首三行诗，除了对夜空下的露珠进行了描写，其它就什么也没有了。它就属于三行仅仅只表达了三行的含义，没有言外之意的类型。它的第一行仅仅只表达了它的字面含义：有一滴露珠挂在叶尖上；第二行仅仅只表达了第二行的字面含义：不肯掉落下来；第三行仅仅只表达了第三行的字面含义：静静地凝聚在满天星星的夜空下，此外就什么也没有了。而下面这首同样题材的三行诗，却有着丰富的言外之意。

例2.

昨夜的泪

最后一滴　悬在叶尖上
不肯落下
与满天星辰，倒数黎明
(天涯)

这首三行诗，跟上面那首《昨夜的露珠》写的是同样一个题材，但它的景色描写中包含着丰富的言外之意。露珠在这里不再仅仅只是露珠，它也是人的眼泪；悬在叶尖上不再只是挂在叶子尖上，它也暗含挂在眼角的意思；它不肯落下，不是为了仅仅凝聚在夜空下，而是为了表示一种悲伤的心情，表达一种长夜难挨的氛围。这首描写夜空下露珠的诗同时也分明在描写一个伤心少女的心。这就是我们说的言外之意，这个言外之意来自诗的象征手法。

四、 成语是非

有人说，中国三行诗里不可以用成语，其实不然。三行诗不用成语，是指不要使用陈词滥调。几乎所有成语都被用了上千年，从意象来说，它们已经被用滥了，而三行诗寥寥数语就要出彩，在那么短小的结构里采用陈词滥调当然不好。但是，如果你能在三行诗里活用成语，或者说成语在你的三行诗里起着关键作用，一个成语可以使你省略七、八个乃至十几个甚至更多的字词，你为何乐而不为呢？比如：

例1.

夜雨来访

干渴的麦田
喜出
望外
(老厚)

这首《夜雨来访》的三行诗只有短短九个字，却用了一个四字成语“喜出望外”。这个成语用得好，它不但给出了原成语的含义：麦子遇上出乎意料的好事而感到特别高兴，而且还形象地描绘了麦子获得雨水后欣喜若狂地冒出头来兴高采烈地朝外张望的生动情景。这样的成语为什么不用呢？又比如：

例2.

红尘

一只沙漏
里面熙熙攘攘你推我搡
其实哪个不是走向漏口
(徐英才)

这首《红尘》的三行诗，主要是用沙漏来象征大千世界。大千世界里，人们就像那些沙，既相互依存，又相互排挤，错综复杂，喧闹纷繁。很多人不顾一切地争名夺利，为了名与利，他们不顾道德准则，不顾他人，甚至犯罪等等，所有这一切如果用非成语来表达，用字会很多，篇幅会很长，而这首诗采用了一个成语“熙熙攘攘”就将所有这些意思都表达殆尽。这个成语不但取代了这么多文字，还与“你推我搡”形成协调节奏。更重要的是，它是一个典故，这个典故使作品有了深意。熙熙攘攘出自《史记·货殖列传》：“天下熙熙，皆为利来；天下壤壤（攘攘），皆为利往。”这个成语在这里具有这么多优势，为何乐而不为呢！？

可见，三行诗里是可以使用成语，术语的。当然，三行诗字少意丰，不起关键作用的成语要尽量少用，更不能堆砌成语。三行诗里用成语，一定要用在刀口上，一定要有理由。

五、 词语异化

(一) 量词异化

首先，我要强调，量词异化要慎用！

所谓量词异化，就是在用量词修饰名词时，不用规范的搭配，而用一个非规范的配置，比如不说“一只鸟”，而说“一首鸟”，以赋予这只鸟以诗意；比如不说“一张邮票”，而说“一艘邮票”，以赋予这张邮票以轮船的形象，以引起乡愁。量词异化的目的，是为了增强语言的张力，使读者在读到它们的时候，不但想到了名词所表示的物体，还因为异用的量词，又想到了量词后通常跟随的那个名词所表示的物体。也就是，说“一首鸟”的目的，是想让小鸟带上诗意；说“一艘邮票”的目的，是想让邮票带上船所引起的乡愁。

量词异化有两种情况，一是以名词为核心，以量词为辅助；另一个是以量词为核心，以名词为辅助。比如，“一首鸟”，在“一首鸟在雪地上啼鸣早春二月”里是以名词“鸟”为核心，量词“首”为辅助，因为“鸟”在啼鸣；在“一首鸟浑身都写着春的诗意”是以量词“首”为核心，名词“鸟”为辅助，因为“（一）首（诗）”浑身都写着“早春二月”。又比如，“一艘邮票”在“信封上有一艘邮票”里，名词“邮票”是核心，量词“艘”是辅助，因为信封上有的是“邮票”；在“一艘邮票把她的思绪带到了遥远的故乡”里，量词“艘”是核心，名词“邮票”是辅助，因为“（一）艘（船）把她的思绪带到了遥远的故乡”。

量词异化虽然可以加强语言的张力，但量词异化，名词所表示的物体在形象上必须能够接受异用量词所能修饰的范围，不然这个修饰与被修饰的关系，读起来不但会突兀不羁、牵强生硬，而且还会节外生枝，造成很多不利因素，诸如不必要的多义性、意象的不确定性、形象的活泛性。这些，都不利意境的营造，因为意境的营造，有有赖于画面的和谐统一。所以，使用量词异化要慎之又慎。

下面这首三行诗里量词的异化使用得非常成功，可以借鉴。

例1.

岩松

！幡然勒住一匹
悬
崖

(唐淑婷)

这首《岩松》，写得非常形象，其中使用了量词异化的创作技巧，把“一个悬崖”写成“一匹悬崖”。我们知道，如果你平白无故地在文章里写“一匹悬崖”，人人都会觉得它莫名其妙，肯定是用错了量词。而在这首诗里，这个“匹”跟“悬崖”的搭配不但一丁点儿不觉得错，而且非常形象，使原来的“悬崖”带有了马的形象和彪悍倔强的个性。为什么会这样？这是因为，这首诗在量词异化前，一方面做出了必要的铺垫，使读者读到这里潜意识里就已经有了“一匹马”的预期，因为“勒住”一词暗示了马的即将出现；更重要的是，这个悬崖本身就具有马的形象与个性。没有这个为马的出现所做的铺垫以及这个悬崖本身所具备的马之形象，这个量词异化就不能用，或者就会生硬。

下面这首诗里量词的异化使用得就不很妥当。

例2.

春的先驱

一首小鸟
在枝头上啼鸣
呼唤春光的到来
(佚名)

诗里，“一首小鸟”里的“首”是量词异化用法。“首”在这里企图赋予“鸟”以“诗意”。但这个量词异化用得不好，读起来比较生硬。这是因为，一、它缺少必要的铺垫，没能像上面那首《岩松》一样在读者的脑子里先建立起必要的形象后再使用量词异化。这也就是说，它没有在读者的脑子里建立起“诗意”的形象就突然使用了一个量词异化，企图强迫读者接受一个硬塞的“诗意”形象。读者对这个异用的量词没有预期，所以会觉得突兀。二、既然是“啼鸣”，就必然是“鸟”，为什么要用“首”来搞混它？这就使读者的脑子里产生两个不协调的形象，一个是“鸟”，一个是企图改变鸟这个形象的“首”，如此，怎么能在读者的脑海里营造意境呢？营造意境需要融会贯通，而融会贯通的首要条件是和谐统一。如果一个异用量词就能改变名词的形象，那诗歌就实在是太廉价了。

(二) 实词异化

写作时，难免需要搭配词语，比如名词与动词搭配，构成主谓结构（风儿吹）；比如动词与名词搭配，构成动宾结构（绘画）；比如形容与名词搭配，构成偏正结构（优秀诗歌），等等。这些都是实词与实词搭配。所谓实词异化，就是指，在进行实词与实词搭配时，不用规范的方法，而用非规范的方法，比如用“烹饪诗歌”取代“创作诗歌”等。

一般来说，词语的使用需要规范，因此，实词与实词的搭配也要规范。我们常说，保持语言的纯洁性，拒绝语言的暴力性，就是这个意思。但诗歌创作，有时为了某种艺术效果，合理异用词语的搭配也是可以的。比如

例1.

七绝

泊船瓜洲

京口瓜洲一水间，
钟山只隔数重山。
春风又绿江南岸，
明月何时照我还。
(王安石)

这里的“绿”字就是实词异化用法，因为“绿”本来是形容词，而这里却把它当作了动词来用。在汉语里，形容词固然可以充当主谓句里的谓语，但它绝对不可以带宾语。而在这首诗里，它带上了自己的宾语“江南岸”。但这个“绿”异用得非常形象，一点也不突兀，这是为什么呢？这是因为，一、它有其它字词的牵引，或者说铺垫，二、它有形象的预期。试想一下，“春风”加在“江南岸”上会是什么结果呢？“绿”，就是最可能的首选结果。所以，这个“绿”并不是平白无故地异用的，它有“春风”加“江南岸”的牵引，或者说铺垫。由于这个牵引，读者在脑子里对这个“绿”早有预期，所以这个词语异用就一点儿也不突兀。我们来看下面这首诗，其中的词语异用，因为没有铺垫，缺乏预期，所有有点突兀、牵强。

例2.

创作

他卷起袖子
烹饪着诗歌
窗外风雨骤起

(佚名)

这里的“烹饪着诗歌”属于实词里的动词异用，因为“烹饪”一词本该跟“菜肴”搭配，现在用来取代“创作”一词，跟“诗歌”搭配。这个搭配比较牵强、突兀，因为它没有任何铺垫，读者在脑子里只有写诗方面的形象预期，丝毫没有做菜方面的形象预期，突然就暴力地用“烹饪”来强行搭配“诗歌”，不但没有起到丝毫的作用，反而使读者的脑海里出现不两个分裂的意象。这，不利于意境的营造，因为它们不和谐，不统一。

六、 比喻辨析

日本俳句，为了捕捉大自然的真情实感，一般不用比喻。中国三行诗，恰恰相反，常常使用比喻。因此，用好比喻是写好中国三行诗的一门重要的必修课程。而恰恰是这么重要的课程，我们有些三行诗初学者，甚至是资深者却忽略了。

在三行诗中使用比喻，关键要记住三点，一是本体（被比喻物）与喻体（被比作物）在形象上一定要有相似之处；二是比喻所提供的形象一定要有利诗歌的表现；三是喻体必须要被自然合理地承接，不能混用。比如：

例 1. a. 秋叶像火焰。

这个比喻，就比较合理贴切。秋天，为了度过即将到来的阳光稀少的冬天，很多乔木的叶绿素或者花青素发生了变化，树叶就变成了黄色或者红色，像火烧似的。所以，这个比喻很合理贴切。另外，它不但合理贴切，而且火焰给人一种暖和的感觉，因此，它比较适合用来表现激励性方面的主题思想。如果把它改成

例 1. b. 秋叶像摇曳的雪花。

它就不合理，不贴切了，因为秋叶可能是黄色的或者红色的，而雪花是白色的；再者，雪花并不摇曳，而是纷飞的。

例 2. a. 池塘里，荷花亭亭玉立，像舞女的裙。

这个比喻也比较合理贴切，喻体“舞女的裙”很像本体“荷花”。我们知道，荷花的叶瓣宽大铺展，配合荷花的植茎，很像一个舞女在舞蹈。它不但合理贴切，因为它用舞女来比喻荷花，因此它比较适合表现亭亭玉立的形象。如果把它改成

例 2. b. 池塘里，荷花亭亭玉立，像体操运动员。

它就不合理、不贴切了，因为体操运动员穿的是紧身衣，动作麻利、迅速、幅度大，而荷花叶瓣铺展、动作悠然、摇曳幅度小。

所以，使用比喻，本体与喻体之间一定要有相似点。相似点越接近，比喻越贴切生动。相似点越是不接近，或者根本就没有相似点，那个比喻就不会贴切生动，甚至生拉硬扯。

上面这两组比喻，都是单独使用的，没有用在三行诗

里，所以不需要被承接。那么，什么叫作“被承接”呢？我们先来读一首三行诗，了解一下什么是“被承接”。

例 3.

谎言

像光滑的气球
它一旦飞高了
便会不攻自破
(阿丁)

这首三行诗，把“谎言”比作了“光滑的气球”。它取“谎言”表面看上去光鲜且容易被戳破的特征，把它比作气球，因为气球表面也是光滑的，也容易被戳破，这是本体与喻体间的相似之处，因此这个比喻很贴切。

因为这个比喻是用在三行诗里的，所以，我们必须要承接它，告诉读者它“像光滑的气球”后又怎样了？作品说，“它一旦飞高了／便会不攻自破”。这就是承接，这个承接说明了谎言“像光滑的气球后”怎样了。所以，说明比喻为什么会如此的部分就是比喻的承接。那么，这个承接是不是合理呢？很合理！本体谎言表面看起来很光鲜，但最终总会被戳破，喻体气球表面看起来也很光滑，飞高了就会爆裂。因为用来作承接的句子“它一旦飞高了/便会不攻自破”既适用本体也适用喻体，这个承接就很合理。换句话说，既符合本体也符合喻体的承接就是合理的承接。

下面这首三行诗的比喻就不贴切，承接就不合理。它不贴切不合理，是因为它混用了比喻。一般来说，除非你想获得戏剧性效果，不然不要混用比喻。什么叫混用比喻？所谓混用比喻，就是把互不相干的比喻放在一起使用。混用比喻，常常会使人如坠云雾，不能确定作者究竟想说什么。不能确定，当然就不利意境的营造。比如

例 4.

旧时的月光

那银镰，又悄悄爬上西楼
她一袭轻纱
款款地，撩拨我闭合已久的心
(海之恋)

首先，“月光”是散漫的或者四射的，跟“银镰”没有相似之处。是“月亮”像银镰，不是月光，这个比喻不恰当。其次，就算作者的本意是“月亮”像“银镰”，那随后的“又悄悄爬上西楼”也不合适。“银镰”，就是银色的“镰刀”。“镰刀”怎么会具有“爬”的功能而“悄悄爬上西楼”呢？当我们在做比喻时，在把本体（这里是“月亮”）比作喻体（这里是“银镰”）后，就需要顺着喻体写下去，而不能随着原来的本体写下去，不然这个比喻就没有必要，就有悖逻辑。

接着，这个“银镰又忽地变成了披着轻纱的美女：“她一袭轻纱”。这首诗先把“月光”比做“银镰”，然后又把它比作“一袭轻纱”，把两个互不搭界的喻体强混在一起，使人无所适从，使读者的脑子里产生两个分裂的图像。用这样的

比喻写出来的诗，不要说营造意境，要让读者准确地读懂就已经比较困难。

这首三行诗的主要错误出现在标题 “月光” 与“它一袭轻纱”之间插了一个不搭界的比喻“那银镰，又悄悄爬上西楼”，可以这样改：

例 5.

旧时的月光

笼着西楼
像一袭轻纱
撩拨我闭合已久的心帘

整首诗的比喻逻辑是“月光”像“轻纱”撩拨我的“心帘”，在意象上没有丝毫分裂。我们再来看一首比喻与承接不恰当的三行诗：

例 6.

秋色满园

田野　所有的希望羊水快破了
艳阳还查吐鲁番葡萄的核酸
——难道爱情都害喜了
（诗匪）

这首三行诗大概是在说，田野里的庄稼快要熟了（“田野，所有的希望羊水快破了”），但太阳不给力，或者说太阳从中作梗（“艳阳还查吐鲁番葡萄的核酸”），所以田野里的庄稼被耽误了（——难道爱情都害喜了）。确切意思很难捉摸，但大概如此吧。

它的确切意思难以捉摸，主要是因为它所用的修辞手法不合规范，顺手拈来引起的。作品开篇就把“田野”比喻成“（快破了羊水）的希望”。这是什么意思？我们知道，“羊水破了”具有多重含义：1. 瓜熟蒂落，立马就要生产，2. 早产（如果羊水破得过早），3. 难产（如果胎位不正的话）。这里到底是什么意思？是说田野的希望快要实现了，还是提早实现了，还是快要破灭了？！不清楚作者究竟想要说什么，但这个比喻非常生硬、武断、不贴切是显而易见的，因为本体田野的希望跟喻体羊水快破了风马牛毫无相似之处。

接着，作品用一个拟人手法，说太阳还要给葡萄做核酸。这是什么意思？是要说，核酸不合格就不让葡萄开花结果，还是说太阳还想从中收取手续费用，还是什么？做核酸是用棉签捅鼻子，它跟太阳照射葡萄有相似之处吗？没有，这个拟人也十分牵强附会，生拉硬扯。

接着，作品承接说，“——难道爱情都害喜了”。这又是什么意思呢？“害喜”是怀上宝宝的意思，这难道不是好事吗？这表示葡萄结果了，但是，慢，它跟核酸有什么关系呢？

所以，在三行诗里使用比喻，一是要找到本体与喻体的相似之处，二是要有利诗歌的表现，三是要注意合理承接，不要混用比喻。不然读者无所适从，不但不利意境的营造，连让人读懂都很困难。

七、 拟人辨析

拟人，是把非人体比拟作人体，使它人格化的一种修辞手段。这里的非人体包括动物、物体、事物、思想、抽象概念等。拟人化后的非人体，就可以被当作人来写，可以具有跟人一样的情感、语言、动作。但是，在使用拟人修辞手法时，必须要注意物与人之间的共性。所谓共性，就是指两者具有同等或者近似的特征。所选搭配词，也必须具有适合这种共性的双重性。所谓双重性，就是指它既要适用于物又要适用于人。没有共性的拟人，是一个患了分裂症的拟人。

用在三行诗里的拟人跟用在单句里的拟人情况并不完全一样。用在单句里的拟人不需要被承接，而用在三行诗里的拟人必须要被自然合理地承接。承接时，所选承接词也必须既要适合物也要适合人。比如：

例 1. 披着灰色盔甲的螃蟹横着身不屑地爬出门去。

螃蟹是动物，动物是不穿衣服的。但这个单句把螃蟹比拟成了人。人是穿衣服的，人中的古代武士是穿盔甲的；螃蟹虽然不穿衣服，但它有壳，这个壳就像披着的灰色盔甲。这个盔甲就是人与螃蟹的共性，所以，这个拟人是合适的，是成立的。因为这个拟人单独成句，没有用在三行诗里，所以不需要被承接。

例 2. 花笑了。

花属于植物，是不会笑的。但这个单句把花这个植物比拟成了人。人是会笑的；花虽然不会笑，但会盛开，花盛开时就像笑颜盛开的脸庞。这个颜面展开就是花与人的共性，所以，这个比拟所选的搭配词“笑”是合理的，它具有既适用花也适用人的双重性。这个拟人没有用在三行诗里，所以它不需要被承接。

例 3.

春风

春姑娘俯身一吻
大地睁开眼睛
万物苏醒
(陈赛花)

这首三行诗是采用拟人的手法创作而成的。它把“春风”拟作一个“姑娘”，而它所选用的搭配词“吻”也很合理，因为人是会亲吻的；春风虽然不会亲吻，但它会吹拂到物体身上，这个轻触物体的举动就是它跟人具有的共性。因为这里的物“风”与人“姑娘”具有这个轻触它物的共性，这个拟人所选用的搭配词“吻”就很合理自然，丝毫没有分裂。

这个拟人跟上面不同的是，它是被用在三行诗里的，所以，它必须要被合理承接，而诗人也正是这么做的。她在把“春风”拟作“姑娘”后，接着写到的“大地睁开眼睛/万物苏醒”就是对春姑娘亲吻的承接。由于她的亲吻，大地才“睁开眼睛”，万物才开始“苏醒”。这个承接很自然很合理，都是顺着拟人写下去的。而下面这个例子里的拟人就有些问题。

例 4.

“清”水

连鱼都养不活
还想讨得
姑娘的欢心！？
(佚名)

这首三行诗，想要表达的意思是，人那么穷，还想找女人？但从修辞的角度来说，它有些问题。这个问题就是拟人分裂，承接不合理。

首先，当作品说“‘清’水/连鱼都养不活”的时候，这个“水”字用的是来自传统成语“水清则无鱼”或者“清水养不了鱼”里那个“水”的本意，没有拟人成分。这也就是说，这里的“养”并不是“人养”的意思，而是水为鱼提供的一种生存环境。换句话说，这里的“水”仍然是“水”，并不表示贫穷的人。既然这个“水”在读者的脑子里已经被定性为单纯的“水”，而不是贫穷的意思，它跟接下来的姑娘们有何瓜葛呢？水属于无生命体，姑娘属于有生命体。既然它跟姑娘们毫无瓜葛，它怎么还能去讨“姑娘们的欢心”呢？

这首诗在写“水”跟鱼之关系的时候，“水”是一个单纯的物体，没有被拟人化，而在写“水”跟“姑娘”的时候，却把它当作了一个有生命体来写，这个拟人就患上了分裂症，所以这个拟人不合理，接下来用“讨得……欢心”来承接也就随之不合理了。下面，我来把这首诗修改一下，我们来看一看修改后的这首诗情况怎样。

例 5.

清水

连鱼都养不活
还想包养带刺的玫瑰
还是把它留给沃土吧

这首被修改后的三行诗里，“鱼”与“玫瑰”已不再属于不同层次上的物种，它们都属于大自然中的有生命体，一个被“养”在水里，一个用土壤滋养。它俩离开了各自的生存环境，谁都活不了。虽然标题与首行“清水/连鱼都养不活”里的“水”字来自俗语“水清则无鱼”或者“清水养不了鱼”的传统含义，属于无生命之物，但是，第二行的“还想包养带刺的玫瑰”里的“包养”跟“玫瑰”结合后，就盘活了整首诗。这个“包养”拟人化了“玫瑰”，使玫瑰被人格化，象征着高贵的女人。因为“鱼”跟“玫瑰”属于同一层次上的物种，因此，“鱼”所带的那个“养”字也就因为这个跟“玫瑰”搭配的“包养”一词变成了“包养”的意思。这就也人格化了“鱼”，使“鱼”象征着普通的人。因为“鱼”和“玫瑰”都具有需要生存的共性，这个搭配词“包养”就用得十分合理自然。尾句“还是把它留给沃土吧”深化了作品的主题思想。修改后整首诗的意思就是：你穷得像清水，连鱼那种普通“人”你都养不活，还想包养玫瑰那么高档次的女人？省了这个心吧，还是把她留给富裕得像沃土那样的大款吧。

例 6.

桃花

刚刚　被分数逼跳楼的那朵
绽放得太鲜活
——不象梅
(诗匪)

这首三行诗采用了拟人的手法，把桃花朵拟作学生，也就是把物体桃花朵当作人体学生来写。但这个拟人手法存在一些拟人中经常出现的问题，第一是生拉硬扯，第二是物与人不具共性，第三是因为物与人不具共性，承接时所使用的搭配词不合理。

世界上并不是任何人和物都可以用来比拟的，拟人时，物与人必须具有共性，也就是要有相似点。这个相似点越是接近，拟人就越是生动形象；反之，越是不相似，或者毫无相似之处，那这个拟人就会牵强附会，生拉硬扯。比如，你可以说："桃花笑了"，因为人的开笑与桃花盛开具有笑颜逐开的共性。这个"笑"字既适用人的开笑，也适用桃花的盛开。比如你可以说："桃花流下了眼泪"，因为人流泪时眼泪会滴落，桃花凋谢时花瓣也会掉落，且两者都可以表达一种伤感，这两者也就具有了共性，所以这里的"哭"字既适用人也适用桃花。

但是，你不可以说"分数逼桃花朵跳了楼"，这是因为，

一、桃花与学生具有相似处是在天真烂漫，即将盛开等方面，而不在考试方面，不在跳楼方面。在这两个方面它们不具备共性！学生需要考试，桃花不需要考试；学生考得不好可能会跳楼，桃花不需考试，也无所谓压力，也就无所谓跳不跳楼。再者，桃花也无楼可以跳。换句话说，在这些方面，桃花跟学生毫无瓜葛。毫无瓜葛，怎么能拟人呢？如果可以的话，这样的拟人就太廉价了，随便怎么胡写都可以。如果可以这样，你就可以说“分数逼毛毛虫跳楼”，因为学生也像毛毛虫，需要不断积累自己的肚量，只待破茧而出的那一刻；你就可以说“分数逼雄鹰跳楼”，因为学生也像雄鹰，成功之前总会经历各种失败和挫折；你就可以说“分数逼太阳跳楼”，因为学生像初升的太阳，是祖国的未来。但是，无论是毛毛虫也好，雄鹰也好，还是太阳也好，它们在考试方面与学生不具备相似之处，没有共性可言，因此没有拟人的因素可言。

因为分数与学生之间不具备共性，因此作品所选的搭配词就不对两者同时适用，“分数逼”和“跳楼”一词适用学生，但不适用“桃花朵”。这个拟人不成立！属于生拉硬扯，所以读起来非常费力！

纯洁祖国的语言是诗人的历史使命之一，不能为了多塞一些东西在诗歌里，就随意改变语言的基本要求。诗歌的张力不是来自随意的压缩，它来自诗歌的言外之意，而诗歌的言外之意，来自巧妙的构思，不是来自改变语言基本规律的语言暴力。

本章结语

文字表达的最高艺术境界是什么？我们从低到高来排列一下。

有些人用很多文字，只表达了一点点肤浅的含义。

有些人用很少的文字，表达了深刻的内涵。

有些人用很少的文字，不但表达了深刻的内涵，还表达了深刻的言外之意。

有些人用很少的文字，不但表达了深刻的内外涵，还表达了丰富的情感。

有些人用很少的文字，不但表达了深刻的内外涵、丰富的情感，还表达了生动的画面感。

有些人用很少的文字，不但表达了深刻的内外涵、丰富的情感、生动的画面感，还把所有这一切都融汇成一种意境，让它久久萦绕在读者脑际中。

这最后一列，应该算作文字表达可以到达的最高艺术境界了，古往今来，还没有人能够突破这个高度。诗歌是文字的艺术，因此，诗歌追求的，也应该是这一目标。因此，在诗歌创作中，凡是有利于实现这一目标的，都是好的手法；凡是不利于实现这一目标的，都是不好的手法。上面阐述的那些文字表达方面的弊端，都不利于实现这一目标。读者在阅读你的作品时，思绪被那些疙疙瘩瘩错误的东西所骚扰，他们怎么能够在脑海里形成意境？！诗歌创作中，不要追求那些花里胡哨的东西，更不要追求那些错误的花里胡哨的东西。这就是说，不要把精力放在枝节上，这里弄一个量词异用、那里弄一个词性转换、这里弄一个比喻混用，那里弄一个无共性拟人等等花里胡哨的东西。它们，即使用对了，充其量也就像音乐中的装饰音。作为一个诗者，要把精力放在整首诗的旋律上，而不是摆弄那些雕虫小计。只有在整体上不能把握的，才会在那些枝节上用力。当整体旋律自由地涌动了起来，那些用得好的装饰音才能推波助澜，使你的作品汹涌澎湃。因此，我们需要追求的，首先是用规范的文字努力达到文字的最高艺术境界。这个境界就是：深刻的内外涵、丰富的情感、生动的画面感，以及把所有这一切都融会贯通在一起的艺术境界。

卷二

技巧篇

十、化抽象为实像

化抽象为实像，就是在三行诗创作中，当你所选择的叙述对象为抽象概念时，你先把这个抽象的概念转换成某种实际形象，然后具化它，也就是具体描写它，最后再升华它以完成你的创作意图。

化抽象为实像，是中国三行诗创作中的一个重要技法。中国三行诗，可以书写万事万物，可以写物，也可以写事；可以写实像，也可以写抽象。在遇到作品的叙述对象为抽象的概念时，因为诗是用形象来表述的，所以，你就需要把这个抽象的概念转换化为实像。

在创作中，我们可以采用各种不同的修辞手法来进行这种转换，其中常用的有比喻、拟人、借代，等等。

例1. 用明喻来化抽象为实像：

谎言

像光滑的气球
它一旦飞高了
便会不攻自破
(阿丁)

这首三行诗，选择了“谎言”作为自己的叙述对象，也就是说，它要叙述的是有关“谎言”的事。“谎言”，是一个抽象的概念，因为诗需要用具像进行表述，所以，就有必要首先把这个抽象的概念转换成实像。这首三行诗正是这样做的。它先用一个明喻把“谎言”这个抽象概念转换成具有形体的“气球”（谎言/像光滑的气球），使其具有虽然漂亮光洁但容易被“攻破”的特征，然后用一个假设（它一旦飞高）来做铺垫，最后再升华它为“便会不攻自破”，以达到揭示谎言再美也会暴露无遗的主题思想。假如这首三行诗没有把抽象的叙述对象 “谎言”首先转换成“气球”这个实像，使其不具备被“不攻自破”的特征，那么，这首诗就不可能被升华成现在这首带有“谎言吹得越厉害越会被戳穿”的喻意。

例2. 用暗喻来化抽象为实像：

思念

是一枚
插在心房里的红豆枝
汲我脉动的血日夜生长
(徐英才)

这首三行诗，选择了“思念”作为自己的叙述对象。“思念”，是一个抽象的概念，在升华它前，作品首先对它进行实像化，用一个暗喻把它比作“（是）一枚/插在心房里的红豆枝”，从而把这个叙述对象从抽象的“思念”一词转换成具有吸收营养功能的实象“红豆枝”，为升华它成为“汲我的血日夜生长”做准备。

升华后，这个具有相思之情的植物，就与我脉动着相思之情的血液互相作用，反复递进，不断加深。想象一下，插在我心房里的红豆枝不断地汲取我的血液，有了血液，它又不断蔓长；我的血液，又因为相思植物的不断蔓长而越发汹涌；汹涌的血液又浇灌这棵相思植物……，如此反复不断，可谓相思至极。这一切，都有赖于作品在具体化它的叙述对象“思念”时对它进行的化抽象为实像的转换。没有这个转换，这个升华就是无根之树，无从谈起。

例3. 用借喻来化抽象为实像：

微诗

省略情节的疏枝上
意象之花举着隐喻　次第绽放
结成一枚枚思辨的果实
(沈竞雄)

这首三行诗，选择了“微诗”作为自己的叙述对象。“微诗”，是一个抽象的概念。在升华它前，作品首先对它进行具象化，用一个借喻把它转换成“省略情节的疏枝”。接着，作品直接用喻体做地点状语“（在）省略情节的疏枝上”，对它进行铺垫与升华，说“意象之花举着隐喻，次第绽放/结成一枚枚思辨的果实”，从而告诉我们，微诗就像一棵树上的枝条，上面长着“隐喻”之花，盛开着“思辨的果实”。如果这首诗没有采用这个化抽象为实像的创作手法，没有把“微诗”转换成“情节的疏枝”，那它一定是一个乏味的说教式论述，而不是诗。

例4. 用拟人来化抽象为实像：

时间

驮着你不停地跑
直到你被颠得喘不过气
从它身上摔下来
(徐英才)

这首三行诗，选择了“时间”这个抽象的概念作为自己的叙述对象。在升华它前，作品首先对它进行实像化，用一个拟人手法把它人物化：“驮着你不停地跑”，从而把这个叙述对象，从抽象的“时间”一词转换成具有不停奔跑的“人”这个实像，为升华它成为“从它身上摔下来”做准备。这首三行诗，通过化抽象为实像的创作手法，揭示了在时间的长河里，生命的有限性。人一旦寿终正寝，从时间的身上摔下来，人的时间就结束了。如果这首诗没有采用拟人手法进行化抽象为实像的转换，它就不可能带有生命力。

例5. 用借代来化抽象为实像：

情

老屋是父母身边的宠物
我每次归来　它都高兴地
将尾巴　摇成了炊烟
(刘和旭)

我们不仅可以用比喻、拟人的手法来化抽象为实像，我们还可以用借代的修辞手法来化抽象为实像。比如“南国烽烟正十年”里的“烽烟”就是一个借代，它其实指“战争”。

“口罩三年乱人间”里的“口罩”也是一个借代，它其实代指“疫情”等等。这首三行诗里，“老屋是父母身边的宠物”里的“老屋”就是一个借代，用以指代父母对孩子的爱。作品开篇就把借体“老屋”比作一个“宠物”，为下面把它升华成“我每次归来，它都高兴地/将尾巴摇成了炊烟”做准备，从而揭示了父母对孩子百般疼爱的主题思想。

思考题：

阅读下列三行诗，指出诗内哪个部分采用了化抽象为实像的创作手法：

1. 人生

就像路旁的马啮苋
被光阴
反复咀嚼
(漫黎)　　　　答案：________________

2. 父爱

如海
荡起我人生之舟
越过险滩和激流。
(老厚)　　　　答案：________________

3. 坚强

是悬崖上的瀑布
一边流着眼泪
一边挺起胸膛
(饶蕾)　　答案：________________

4. 命运

人生万花筒
转出
陆离光怪
(冷慰怀)　　答案：________________

5. 思念

一把刀横在心口
被远方的人牢牢握住
稍有动静就隐隐作痛
(冷慰怀)　　答案：________________

6. 孤独

是座岛
睁开双眼
即拥有无垠的海
(饶蕾)　　答案：________________

7. 惆怅

曲折的小路

在我体内蜿蜒
却始终延伸不到我的远方
(沈竞雄)　　　　　　　　答案：______________________

十一、化实像为抽象

我在“化抽象为实像”一章里讲到，因为诗是用形象来表述的，所以，假如我们在进行三行诗创作的时候选择了某个抽象的概念作为诗的叙述对象，那么，我们常会把这个抽象的概念转换成实像再行叙述。有时候，我们也会反其道而行之，化实像为抽象，把实际物体转换成抽象的概念，以揭示它的某个具体特征。

我们需要进行化实像为抽象的原因是，任何一个实像，从诗的角度来看，都会具有多重特征可被诗化，而我们在升华它的时候，往往只需要它的其中一个特征，这就使得用某个抽象的概念具化出它的那个特征变得有所必要。比如就拿河流这个实像来说，它既具有一往无前的特征，也具有弯弯曲曲的特征；它既具有汹涌澎湃的特征，也具有安然平静的特征，等等。我们可以用它一往无前的特征来表达一种执着的情感，用它弯弯曲曲的特征来表达一种思乡的惆怅；我们也可以用它汹涌澎湃的特征来营造一种气势，用它的安然平静进行写意，等等。但是，我们在升华它之前，必须要具象化它，揭示出我们升华时所需要的那个特征。

例1.

河流

是最执着的情感
到海
也没回头
(饶蕾)

这首三行诗，选择“河流”作为自己的叙述对象。“河流”本身是一个实像，但这个实像具有太多的特征可被用作升华。比如，我们可以用河流的弯曲来喻人的绕绕肠，也可以用河流遇阻绕道而行的特征来喻人的不执着，等等。正因如此，我们就有必要首先用一个抽象的概念来具化出它的某个特征，然后升华这个特征，以达到我们的创作意图。

这首三行诗里，作者用一个暗喻把“河流”比作“是最执着的情感”。“情感”，是一个抽象名词，作品以此化实像为抽象，用一个抽象的概念为升华河流“到海/也没回头”的主题思想做准备，达到了用河流来喻人之坚定情感的创作目的。

例2.

狂草

有一种激情
唯有龙腾虎跃鸾翔凤舞
方能淋漓表达
（徐英才）

这首三行诗，选择书法里的“狂草”作为自己的叙述对象。“狂草”，本身是一个实像，但这个实像具有太多的特征可被用作升华。比如，我们可以用狂草的连笔表示人际关系，可以用狂草的略笔表示做事并不一定需要固守成规，等等。正因如此，我们就有必要首先用一个抽象的概念具化出它的某个特征，然后再升华这个特征，以达到我们的创作意图。

这首三行诗里，作者采用一个定义法，把狂草定义成一种“激情”。“激情”，是一个抽象名词，作品以此化实像为抽象，用一个抽象的概念为升华狂草是一种“唯有龙腾虎跃鸾翔凤舞/方能淋漓表达”的主题思想做准备。

例3.

枕头

平——等——
再高傲的头颅
也能让他们放下！
(天端)

这首三行诗选择“枕头”作为自己的叙述对象。“枕头”本身是一个实像，但这个实像具有太多的特征可被用作升华，它的松软可以用来表达随和，它内在的棉絮和外在的光洁可以用来表达一个人注重外貌而不顾修养等等。正因如此，我们就有必要首先用一个抽象的概念具化出它的某个特征，然后升华这个特征，以达到我们的创作意图。

这首三行诗里，作者把“枕头”描写成一个具有“平等”思想的物件。“平等”，是一个抽象名词，作品以此化实像为抽象，用一个抽象的概念为升华作品作准备，以揭示“枕头”对待任何人都一视同仁的主题思想，或者说，“枕头”面前人人平等。

思考题：

阅读下列三行诗，指出诗内哪个部分采用了化实像为抽象的创作手法：

1. 蝴蝶

多情的化身
沿着你的飞行轨迹走去
一定能找到 绽放的美丽
(沈竞雄) 答案：____________________

2. 拒绝冬眠的蛇

一条寂寞
在荒芜里不停游走
严冬　无法剥夺它的思索
(沈竞雄) 答案：____________________

3. 稻草

出身卑微
编织起来
度过多少人到达远方
(徐英才) 答案：____________________

4. 落叶

捡一片金色的秋

看生命的象形文字
沧海横流
(寒山石)　　　　　　　　答案：________________

十二、化此像为彼像

有时候，我们选择的叙述对象本身也是实像，但我们仍然需要把它转换成另一种实像才能进行升华，个中因为，正如我在“化实像为抽象”里所讲的那样，任何一个实像，从诗的角度来看，都会具有多重特征可被诗化，而我们在升华它的时候，往往只需要它的其中一个特征。这就是为什么，有时候，虽然我们的叙述对象本身就是一个实像我们仍然需要把它化成另一个实像的道理。

例1.

书

是只飞艇
可载你周游
天涯海角　浩瀚星宇
(徐英才)

这首三行诗，揭示了书的作用：它可以像一个飞行器那样，带你周游世界，渊博你的知识。

作品选择了“书”作为自己的叙述对象。“书”，本身就是一个实像。但“书”虽然本身就是一个实像，却并不具备飞行的功能，所以，作品开篇就用一个暗喻把它转换成另一个实像：“是只飞艇”。转换成 “飞艇”后，这个叙述对象就具有了飞行的功能，因此，作品才得以在升华它的时候说，“可载你周游/天涯海角，浩瀚星宇”，从而揭示了作品所要表达的读书可以增长人的包括天文地理在内的各种知识的主题思想。

例2.

空房子

老掉牙的挂钟
已停摆
时间趴在墙上，嗜睡
(老厚)

这首三行诗，主要表达一种人去楼空、父已作古不在的深切怀念之情。

作品选择一只“空房子”作为自己的叙述对象进行切入。“空房子”，本身就是一个实像。但它虽然本身就是一个实像，却并不具备停摆、嗜睡的属性，所以，作品开篇就用一个省略了比喻词“是”的暗喻把它转换成另一个物像：“挂钟”。转换成“挂钟”后，这个叙述对象就具有了停摆、嗜睡的功能，因此，作品才得以在升华它的时候说，“挂钟/已经停摆”和“时间趴在啊墙上，嗜睡”。

例3.

初芽

一支绿笔
蘸着阳光 涂抹
无边春意

(康秀炎)

这首三行诗，描绘了一幅无边春意的图景。

作品选择“初芽”作为自身的叙述对象。“初芽”本身就是一个实像，但这个实像并不具备涂抹的功能。为了使它具有涂抹功能，从而可以涂抹无边春意，作品首先用一个省略了比喻词“是”的暗喻把它转换成“绿笔”。正因为这个转换，作品才得以在升华它的时候说“蘸着阳光　涂抹/无边春意”。

思考题：

阅读下列三行诗，指出诗内哪个部分采用了化此像为彼象的创作手法：

1.　夕阳

红如陈年浊酒
什么滋味
都有
(肖益人))　　　　答案：＿＿＿＿＿＿＿＿＿＿

2.　心

乱得像树杈
梢尖遥望牛郎织女星
不见鹊桥

(徐英才)　　答案：____________

3. 帆

船的耳朵　竖起
听
风云传奇
(诗匪)　　答案：____________

4. 月牙

是只犀角
这边是我
那边是你
(徐英才)　　答案：____________

5. 母亲额上的皱纹

是琴弦
颤动着游子
多少乡愁
(郑军科)　　答案：____________

6. 大海

是梦的收藏家
也是颠覆者
请听海浪细说
(饶蕾)　　答案：____________

7. 光

一头犟牛
从不绕道　从不回头
直到撞上南墙
(徐英才)　　　　　　　　答案：＿＿＿＿＿＿＿＿

8. 括号

思念的眸光 镂空玉盘
一个月牙 寄回故里
一个月牙 牵我进梦乡
(郑国贤)　　　　　　　　答案：＿＿＿＿＿＿＿＿

十三、化物为事

我在“化实像为抽象”一章里讲到，因为任何一个实像，从诗的角度来看都具有多重特征可被诗化，而我们在升华它的时候，往往只需要它的其中一个特征，这就使得用某个抽象的概念来具化出它的某个特征变得有所必要。出于同样的道理，有时候，我们的叙述对象本身也是一个实像，在具化它的时候，我们会把这个实像转换成一件事，化物为事，为作品的升华做准备。

例1.

婚戒

环形赛道上
誓言与忠诚竞跑
胜负难料
(冷慰怀)

这首三行诗，选择了“婚戒”作为自己的叙述对象。“婚戒”，本是一个实像，是婚配的信物，象征婚姻。但作者偏偏不写它联姻的喻意，反其道而行之，要通过它写婚后男女间磨合的现象。所以，作品就有必要指出婚戒在婚后磨合的特征，为升华做准备。这首作品采用了化物为事的创作手法，把实像“婚戒”转换成“环形赛道上/誓言与忠诚竞跑”的事情，以此揭示作品“胜负难料”的主题思想。其言外之意就是，在婚姻这个赛道上，有时候男的占上风，有时候女的占上风，有时候男女恩爱有加互相平等，等等。

例2.

野花

在荒山
却总是笑容灿烂
等风把它们的子孙送往远方
(徐英才)

这首三行诗，选择“野花”作为自己的叙述对象。“野花”，本是大自然的产物，属于一个实像。作品为了表达“野花”坦对大自然恶劣环境时仍然无比乐观的精神，为深化作品主题思想作反衬准备，在具化它时，首先化物为事，说它“却总是笑容灿烂”，然后升华它说“等风把它们的子孙送往远方”。如此，升华部分就携着具化时积蓄的反衬力量进入主题：人应该像野花那样，在恶劣的环境里也要保持乐观精神，对未来充满希望。

例3.

陶埙

捧着你，就像捧一坯故土
每一个气孔
都按捺不住方言
(天端)

这首三行诗，选择了“陶埙”作为诗歌的叙述对象。那么，我们要写它的什么呢，是写它的美妙音乐，还是写它的土里土气；是写它的时兴，还是写它的不起眼等等？该作品，把陶埙的发声跟它外表的土里土气结合在一起，写它发出的声音带有乡土气息。为了升华这个主题思想，作品首先采用了化物为事的创作手法，把它描写成“捧着你，就像捧一坯故土”这件事。有了这个铺垫，作品才得以把它升华成“每一个气孔/都按捺不住方言”。

思考题：

阅读下列三行诗，指出诗内哪个部分采用了化物为事的创作手法：

1. 桂花

开在嫦娥窗口
每天
为思乡补妆
(冷慰怀)　　答案：＿＿＿＿＿＿＿＿

2. 桥

放下身段
握手
言和
(彭晓矛)　　答案：＿＿＿＿＿＿＿＿

3. 狗尾巴草

茸茸小手，在农村留守
等那些痒从城里回来
再拉一次勾勾
(绿柳枫)　　　　　　　　答案：________________

4. 北方的春花

蓓蕾，迟迟不肯解开紧身衣
慢性子舞步
总跟不上江南鼓点
(幽兰)　　　　　　　　答案：________________

5. 龟

每次缩头
都是心火
在生命水银柱上的减速
(徐英才)　　　　　　　　答案：________________

十四、化事为物

如果我们把某个实像描绘成某件事情，那是化物为事；反之，如果我们把某件事情描绘成某个实像，那就是化事为物。有时候，我们的叙述对象是一件事，由于诗是用形象来表述的，我们在具象化它的时候，就会把它描述成一个实像，以实像的特征来升华它。事，一般不具备形象，一旦被化成了实像，就具备了形象。所以，化事为物的作品，肯定要比直接用事情来表述更为形象生动。

例1.

春运

铁道一双筷子
把乡愁
挟来　挟去
(残文)

这首三行诗的叙述对象是“春运”。“春运”是一件事，而不是一件物品，也就是说，它不是实像。这首诗，先把“春运”这件事转换成“铁道一双筷子”这个实像，然后以筷子这个实像的特征来升华它，说它“把乡愁/挟来，挟去”。如此，这首作品就生动形象了起来，喻意也就丰满深刻了起来：春运不但繁忙，而且还有一个像在筷子的调动下那样忙而不乱的含义。

例2.

吻别

封冻一个吻
从此
记住那场风雪
(曼无)

这首三行诗的叙述对象是“吻别”。“吻别”是一件事，作品开篇即把这件事转换成一个实像：说它是被封冻的一个“吻”。正因为有了这个化事为物的转换，有了“吻”这个实像的特征，作品才得以把它升华成“从此/记住那场风雪”，喻意哪个“吻”是最后的道别，它像冰封，从此再难解开。

例3.

春天来信了

二月
握一杆梅花笔
狂草她在丛中笑
(郑军科)

这首三行诗的叙述对象是“春天来信了”。“春天来信了”是一件事，作品开篇即用拟人手法把这件事转换成一个物品，或者说实像，那就是二月握着的“一杆梅花笔”。然后携着这个化事为物的能量升华它，说“狂草她在丛中笑”，从而生动地描写了二月早春那幅盎然春意图。

思考题：

阅读下列三行诗，指出诗内哪个部分采用了化事为物的创作手法：

1. 表白

一个躺在心房的名词
当它站起来的时候
我希望 成为你的宾语
(沈竞雄)　　答案：________________

2. 喝茶

夭折的嫩绿
在清澈里复活
我若有所思 静看你的沉浮
(沈竞雄)　　答案：________________

3. 撞响秋天

在火热与苍凉的罅隙
一片黄叶
正吹亮生命的颤音
(王传顺)　　答案：________________

4. 绘画

蘸华夏之墨

描一湾
宋词光波
(张永新)　　　　　答案：________________

十五、化物为人

化物为人，就是在具化三行诗的叙述对象时，把某个物件转化成人或者人体的某个部分，然后用人或者人体这个部分的某个属性进行升华，以此揭示并深化作品的主题思想。

我们知道，人是作品的灵魂。古人说，诗后要有人；现代人说，一切文艺作品都是为人服务的。西欧的文艺复兴，复的就是人的兴。文艺复兴后，西欧的绘画艺术中，人便替代了中世纪拜占庭式的古板建筑。这一切告诉我们，诗歌创作中诗后有人的重要性。化物为人用得好，就可以做到诗后有人。诗后有了人，就可以深化主题。

采用化物为人的创作手法，要注意物与人之间必须具备合理的共性。没有这种共性，就不能采用化物为人的创作手法。所谓共性，就是物与人之间必须具有同样的属性。你在升华时使用的词语搭配，必须同时既适用于这个物也适用于这个人。

例1.

熨斗

好汉一出脚
专踏
不平事
(唐淑婷)

这首三行诗，采用了化物为人的创作手法，开篇就把“熨斗”这个物件比作好汉出脚，为在后两行对它进行升华创造条件。因为好汉出了脚，才能够“专踏/不平事”。如果作品没有把这个物件（熨斗）转换成人物（好汉），那么，它就不能“出脚”。那么，这个写物件的作品也就不会如此形象生动，含义深刻。这个作品里，熨斗这个物件与好汉这个人，都具有出脚的共性，熨斗熨烫衣服，就好像伸出一只脚去抹平衣服；好汉打抱不平，也常常是伸出脚去踢人。没有这个共性，这个化物为人的创作手法就不能采用。

例2.

犁

父亲的背
哪一朵泥花
不是弓着身开出
(徐英才)

这首三行诗，也采用了化物为人的创作手法，开篇就把“犁”这个物体比作了“父亲的背”这个人的一部分身体，如此，“父亲的背”这个人物的身体就具备了“犁”这个物体“弓身”、“犁地”的属性。接着，作品就着这些属性升华主题，说“哪一朵泥花/不是弓着身开出”，以此揭示了父亲一辈子辛苦耕作的硬汉形象，从而深化了作品的主题思想。请注意，作品中的“弓身”与“犁地”是“犁”这个物品与“父亲的背”这个人体所具有的共性，所以作品在升华阶段使用的“哪一朵泥花／不是弓着身开出”既适用于“犁”也适用于人。

例3.

海螺

不净身
怎能
一人之下，万人之上
(徐英才)

我们知道，海螺可以用作号角，古代军中用它传递号令，但海螺要吹响，首先必须要把肉挖掉，这就像净身；太监要到皇帝身边做事，替他传递圣旨，首先需要净身，净身就像挖肉一样。海螺挖掉肉和太监净身后，就可以发号司令，在一人之下，万人之上。海螺在司号手之下，其它人都得听它的；太监在皇帝手下，其它人都得听他的。这首三行诗，开篇就把海螺拟人化，比作太监，说它需要净身才能发号司令。这个比喻，使海螺与太监具有了“净身”与“发号司令”的共性，因此，尾句的“一人之下，万人之上”就既适用海螺也适用太监。这首三行诗，由于这个化物为人的创作手法而深化了作品的主题思想。

思考题：

阅读下列三行诗，指出诗内哪个部分采用了化物为人的创作手法：

1. 蒲公英

一颗漂泊的心
浪迹天涯
只为一个家族的壮大
(思乡) 答案：＿＿＿＿＿＿＿＿＿＿

2. 牵牛花

性感的唇 水蛇腰
一路吹着小喇叭
爬了那么高
(铁帆) 答案：＿＿＿＿＿＿＿＿＿＿

3. 云的自白

一生漂泊
不知何处是归宿
伤心时 只有抱紧自己哭
(沈竞雄) 答案：＿＿＿＿＿＿＿＿＿＿

4. 瀑布

舍身一跃
也
精彩
(波吒) 答案：＿＿＿＿＿＿＿＿＿＿

5. 二胡

俩

才能
互述衷肠　妮妮动人
(徐英才)　　　　答案：________________

6. 春天来信了

二月
握一杆梅花笔
狂草她在丛中笑
(郑军科)　　　　答案：________________

7. 光

哪怕一路荆棘
永远大步直直地走
从不退却，从不绕道
(徐英才)　　　　答案：________________

8. 老樟树

遍体的伤
是攀登九霄的天途中
留下的
(徐英才)　　　　答案：________________

十六、化人为物

与化物为人恰恰相反，化人为物，就是当你的叙述对象为人或者人身体的某个部位时，你把这个人或者他身体的这个部位转化成某个物体，然后用这个物体的属性来升华作品，以此揭示并深化作品的主题思想。化人为物，主要是因为我们在创作的时候，需要这个人或者这个人身体的某个部分具有某种物体的属性，或者是需要物体的坚韧性，或者是需要物体的柔美性，等等。化人为物的手法用得好，可以十分形象地揭示和深化主题。

例1.

妹子

深巷里酿的酒
还得
陶杯来装　才会馨香飘逸
(轻鸣)

这首三行诗，表达了郎才女貌、好妹子必须由好汉子才能婚配的主题思想。作品要写的是“妹子”，如果直接用“妹子”来配“汉子”未免太直白，也不生动。因此，它在具化诗歌的对象“妹子”时，先把她这个人转化成“深巷里酿的酒”这个物品。这一转换，使好妹子具有既鲜为人知的优秀品德，表达了深门贵妇好妹子的含义；又契合了“深巷里酿的（好）酒”的优良品质，需要有品味的人才能品尝的特征，为深化这个意象到“好妹子还得由好汉子来配”的主题思想做准备。

例2.

父亲的背

山脊梁
弯
也弯得 硬
(唐淑婷)

这首三行诗，开篇用一个暗喻“父亲的背/山脊梁”把“父亲的背”化成“山脊梁”，如此，本为人之身体的“背”就具有了“山脊梁”这个物体的坚硬的属性：“弯”但是“硬”。然后，作品就用这个物体的属性来升华主题，说她父亲“弯/也弯得，硬”，以此喻意父亲的辛劳与坚毅，承担了抚养整个家庭的职责，一辈子任劳任怨辛苦劳作的优秀品德和吃苦耐劳的精神。这首诗的成功，就在于在创作中采用了化人为物的手法，用物体的属性拔高了作品的主题思想，使作品有了深刻的含义。

例3.

心

乱得像树杈
翘首牛郎织女星
却寻不见鹊桥
(徐英才)

这首三行诗，描写了一个夫妻两地分居的思念之心。作品开篇就采用了化人为物的创作手法，用一个比喻把这颗心比作因思念而乱糟糟地像一丛树杈。这丛树杈翘首遥望牛郎织女星，寻找那座鹊桥（喻意夫妻的会合），却寻而不见（喻意仍旧两地分居），以此来深化主人翁的思而不得的忧伤心情。

思考题:

阅读下列三行诗，指出诗内哪个部分采用了化人为物的创作手法:

1. 父亲

一根扁担，已熬至退休
拐杖，替补上岗
——陪您慢慢变老;
(老厚)　　答案: ____________________

2. 老友

一坛
水浓于血的
陈酿
(沈竞雄)　　答案: ____________________

3. 女儿

一朵长大的奶香
绽放出最柔的绒毛

成了暖人心肺的小棉袄
(沈竞雄)　　　　答案：＿＿＿＿＿＿＿＿

十七、物人混用

如果说，在三行诗创作中，化物为人是把物体转化为人体，化人为物是把人体转化成物体，那么，物人混用，就如它的名字所标识的那样，是人与物或者物与人的混合使用。

物人混用，由于人与物或者物与人之间没有化物为人或者化人为物的转换，而是直接混用，两者之间就显得更为贴近，因此，也就更为形象生动，文字的张力也就更大。所有这一切，使它更利于意境的营造。

物人混用时，也要注意人与物之间必须具有共性，所用词语搭配，也必须既适合人也适合物。

例1.

昨夜的泪

最后一滴　悬在叶尖上
不肯落下
与满天星辰，倒数黎明
(天涯)

这首三行诗，读上去仿佛是在写人的眼泪，又好像是在写入夜后的露珠。如果说它写的是“露珠”这个物，它的标题处分明写着跟人有关的“泪”；如果说它写的是人的眼泪，它的首行处分明写的是“悬在叶尖上”的物体“露珠”。显然，这里是物人混合使用。因为是物人混合使用，两者之间没有转换的痕迹，因此物人相互更为贴近，更为形象生动。

整首诗，利用物人混用的创作手法，营造了一个形象优美、含义深刻的意境。读完这首诗，我们的脑海里萦绕着这样一个画面：昨夜，漫天星斗下，一滴露珠悬挂在叶尖上不肯滴下；我们的脑海里鸣响着这样一层深意：昨夜，一位少女遇上了伤心的事，眼角含着泪，凝望星空，久久不能入睡。

例2.

二胡

俩
才能
互述衷肠　妮妮动人
(徐英才)

这首三行诗，仿佛是在写二胡，又好像是在写一对恋人。如果说它是在写恋人，它的标题处明明白白地写着“二胡”这个物；如果说它写的是二胡，它的首行处明明白白写着用于人的“俩”字。显然，这首三行诗采用了物人混用的创作手法。这里的物“二胡”与这里的人“俩”（一对恋人）混用，两者之间没有转化的蛛丝马迹，因此相互更为贴近，更为形象生动。作品升华部分的“才能/互述衷肠，妮妮动人”既在描写二胡里外两根弦的相互映衬，内线饱满、浑厚、深沉，外弦清脆、明亮、高亢，像一对男女倾诉衷肠，妮妮动人；也在写一对恋人互述衷肠，他/她俩时而低语，轻声表白，时而引歌，述说未来，嗓音低沉浑厚、酣畅甜美，恰似二胡上内外两根琴弦发出的美妙音乐。

思考题：

阅读下列三行诗，指出诗内哪个部分采用了物人混用的创作手法：

1. 山径

甩起长鞭
岭上　洁白羊群
啃着青青的天
(鼎立)　　　　答案：____________________

2. 陀螺

父亲
不停地抽动它
是爱
(徐英才)　　　　答案：____________________

3. 昙花

睁开花的明眸
看到这满尘的世界
当天就谢去了
(徐英才)　　　　答案：____________________

4. 蝉悟

面壁参天大树

禅修到脱胎换骨
进入空中
(徐英才)　　　　　　　　答案：______________________

5. 秋

晚风，衔来一轮圆月
摇着柳树臂膀
抖落，一片又一片的相思
(天涯)　　　　　　　　答案：______________________

十八、抽除空间

抽除空间，就是把一物与另一物之间的空间抽除掉，使两个原本相距遥远的物体看上去仿佛紧靠在一起。

要用好抽除空间的创作手法，最好一方的物体大，另一方的物体小，把小物体直接置于大物体之中，这样，以大衬小，以小映大，更为形象。比如，你要描写船与月，你不说月下有行船，或者月旁有行船，而直接说“船在月中行”，这就把月与船两者之间的空间抽除掉了。这是把小物体置于大物体之中。又比如，你要描写人面前的山，或者马后面的云，你不说山耸立在人面前，或者云衬托着马，而说“山从人面起，云傍马头生”（李白），这就把两物之间的空间抽除掉了。这属于把大物置于小物旁。

抽除空间法能够大大提高描写的形象性和文字的张力，让读者看到大小互为映衬的景象。

例1.

夜空

一只孤雁
横过圆月
破镜望重圆
(徐英才)

这首三行诗，在描写其叙述对象“夜空”时，采用了空间抽除的创作技巧。本来大雁在夜空中飞行，无论飞得多高，离月亮的距离仍然相去甚远。但这首诗抽掉了大雁与月亮之间的距离，直接说“一只孤雁/横过圆月”，仿佛大雁就在月亮的家门前飞行。接着，这首诗借用这个孤雁横过圆月的情景，用一句中国成语“破镜望重圆”来升华主题。一只大雁之所以在空中单独飞行，是因为它掉队了。它努力地飞，是在争取早日归队，回到它的伴侣身旁，这恰恰就是“破镜望重圆”。

这首三行诗之所以吸引人，就是因为那只大雁横过“圆月”的景象，恰恰正好就像一个破镜的景象；它努力地飞行，横过月亮后，又恰恰就像破镜重圆的景象。大雁与月亮构成的那幅图像，本身就既恰好描绘出它当下分离的处境，又为它“破镜望重圆”做了一个至关重要的埋设。

例2.

秋原

羊群在蓝天上悠闲地吃草
远山高耸背脊　牵手
斜阳 圈起岁月的栅栏
(廖仲强)

这首三行诗，在描写诗歌的叙述对象“秋原”时，一连用了两个空间抽除法。我们知道，羊群不可能在“蓝天上”吃草，但它们在山脊上映衬着蓝天吃草的景象远远望去就像在蓝天上吃草一样，可见作者在这里把草原与蓝天之间的空间抽除了，把羊群直接置于“蓝天上”。这是这首作品采用的第一个空间抽除法。接着，作者又说“远山高耸背脊，牵手/

斜阳”。我们也知道，远山也不可能直接拉着斜阳的，但远远望去，我们看不到“远山”与“斜阳”之间的空间，斜阳就像倚着远山一样，因此，诗人在这里把“山脊”与“斜阳”之间的空间抽除了。这是这首作品采用的第二个空间抽除法。这两个空间抽除法，大大地提高了作品描写的形象性和文字的张力，让我们看到了一物与另一物融合在一起的恢弘场面：蓝天、斜阳、远山、羊群。诗人在对诗歌的叙述对象“秋原”进行了这两个具象化处理后，用“圈起岁月的栅栏”对作品进行升华，把这一切美好的景色都综合在岁月的流淌中。

思考题：

阅读下列三行诗，指出诗内哪个部分采用了抽初空间的创作手法：

1. 桂花

开在嫦娥窗口
每天
为思乡补妆
(冷慰怀)　　　　答案：＿＿＿＿＿＿＿＿＿＿

2. 山径

甩起长鞭
岭上　洁白羊群
啃着青青的天

(鼎立)　　　　　　　　　答案：________________

3. 英雄碑

傲骨一根
捅破
天。
(赖杨刚)　　　　　　　　答案：________________

4. 长江说

谁也没我的剑犀利
一洪劈开
南北　温寒　还有将与才
(徐英才)　　　　　　　　答案：________________

5. 老农

一把锄头
硬是把太阳从东边拽到西边
然后掮着月牙下山
(徐英才)　　　　　　　　答案：________________

十九、压缩时间

压缩时间，跟抽除空间是一对孪生子，一个针对空间来说，一个针对时间来说。压缩时间，就是在三行诗创作中，把相对漫长的时间压缩在较短的时间里来描写，这样，读者就可以在一个短暂的时间里读到一个在漫长的时间里发生的事。这种创作手法，有利于深化作品的喻意，发挥诗歌的张力。

例1.

听潮

维港边
百年前断裂的光流
又雄浑地汹涌了起来
(白曼)

1842 年第二次鸦片战争失败后，中国被迫把香港割让给英国。1997 年，香港又顺利地回归了中国。从 1842 年到 1997 年有一百多年，这是一段相对来说比较漫长的时间。这首三行诗，在创作中，采用了压缩时间的手法，成功地把这一百多年的漫长岁月压缩在一个短暂的时流里。一百多年前，香港的割让，就像维多利亚海水断流了百年之久，而上世纪末香港的回归，又像断流的水重新汹涌了起来。这里，诗人用压缩时间的方法，把一百多年前香港的割让比作维多利亚水停滞了流淌，暗喻中国历史在这里从此中断了。压缩了这一百多年后，诗人又把它衔接起来：“又雄浑地汹涌了起来”。

例2.

妃子笑

笑了千年
如今
还在笑
(白曼)

我们都知道，古代的皇帝拥有很多妃子，什么三宫六院，七十二嫔妃，三千佳丽。妃子多了，她们为了能够不被冷落，必须争得皇上的宠爱，所以，她们为了讨好皇帝，见到他一个个面带笑容。几千年以后的今天，皇帝没有了，但讨好权贵的现象仍然存在。为了不劳而获，或是过上奢侈的生活，现在仍有一些女士陪笑那些有钱有势的男人。这首三行诗，用一个“笑”字，压缩了数千年的妃子陪笑史，把数千年以前的一个陪笑皇帝的现象移植到今天，深刻地描绘了一些女士陪笑男人的现象。

思考题：

阅读下列三行诗，指出诗内哪个部分采用了压缩时间的创作手法：

1. 历史

走着走着
后脚一抬起

前脚就成了你
(沈竞雄)　　　　　　　　　答案：________________

2. 黄河

二胡曲
时而悠扬　时而跌宕
曲尽五千年自强史
(徐英才)　　　　　　　　　答案：________________

3. 蝉鸣

近两千年
此岸
红尘依旧熙攘
(徐英才)　　　　　　　　　答案：________________

4. 一声夯号

喊出诗经、楚辞、十九首
唐诗、宋词、新诗
还有今天的三行
(徐英才)　　　　　　　　　答案：________________

5. 网不同

伏羲发明的鱼网
和大白发明的铁网
跟人类文明都有关吗

(徐英才)　　　　　　　　答案：________________

6. 人

一辈子都在赶路
自行车上　键盘上……
赶着赶着　就到了点
(徐英才)　　　　　　　　答案：________________

二十、先扬后抑

所谓先扬后抑，就是在具化诗歌的叙述对象时，先写它表面的看似好的、积极的、受人赞赏的一面，而后在升华时，再指出它的不为人所注意的那些不好的、消极的、不为人赞赏的另一面。由于作品先扬后抑，扬时给人一种积极的预期；抑时，就会给人一种意想不到的消极的但又会觉得十分合理的感觉。这种手法常给人以启发的效果。

例1.

鹰

所有人仰望飞翔的高度
唯有母亲　只瞅
翅膀上的撞痕
(如意萍儿)

这首三行诗，就采用了先扬后抑的创作手法。为了突出主题，揭示鹰成年以前鲜为人所注意的艰难的磨砺过程，作品在具化诗歌的叙述对象“鹰”时，先写它表面的受人羡慕的一面：“所有人仰望（它）飞翔的高度”，而后在升华它时又抑制它，指出它的另一面：“唯有母亲，只瞅/翅膀上的撞痕”，从而突然打破读者心里的积极预期，使他们看到鹰的不为人知的艰难磨砺的另一面而颇受启发。

例2.

十里孤坟

年年盛开的菊花
带不回
贪睡的娘
(如意萍儿)

这首三行诗，也采用了先扬后抑的创作手法。为了突出母亲已经离世、再也不能回家，从而表达对她的深切怀念这个主题思想，作品在具化诗歌的叙述对象母亲的“孤坟”时，先描写它好的、积极的、受人赞赏的一面：“年年盛开的菊花”，然后笔锋一转，在升华时，突然指出它消极的另一面：“带不回/贪睡的娘”，从而突然打破读者心里的积极预期，使他们看到母亲再也不能回家的鲜为大众所思考的另一面。

思考题：

阅读下列三行诗，指出诗内哪个部分采用了先杨后抑的创作手法：

1. 秋叶

辉煌后
伴着风鸣的安魂曲
飘向无垠
(徐英才)　　　　答案：________________

2. 珍珠

世人皆知它的宝贵
谁知蚌之痛
始于一粒沙的磨砺
(张玉杰)　　　　答案：____________

3. 高升

平步青云后
晴雨
依旧要看老天的脸色
(蒋雯)　　　　答案：____________

4. 祈祷

静坐千年 大慈大悲
可知脚下的蚂蚁
眼泪在飞
(程家惠)　　　　答案：____________

5. 情场

杨柳依依
流水无情　交织成
一幕幕爱恨绝唱
(程家惠)　　　　答案：____________

二十一、先抑后扬

如果说上一章讨论的先扬后抑是在具化诗歌的叙述对象时先写它表面的看似好的、积极的、受人赞赏的一面；而后在升华时，再指出它鲜为人所注意的不好的、消极的、不为人赞赏的另一面，那么，本章所讨论的先抑后扬，就是反其道而行之，在具化诗歌的叙述对象时，先写它表面的看似不好的，消极的、不为人赞赏的一面；而后在升华时，再指出它的鲜为人所注意的好的、积极的、受人赞赏的一面。由于作品先抑后扬，抑时给人一种消极的预期；扬时，就会给人一种意想不到的积极的但又会觉得十分合理的感觉。正如前一章所讨论的先杨后抑一样，这种先抑后扬的创作手法，也常给人以启发的效果。

例1.

盆松

铁丝
缠牵了它小小的生命轨迹
却缠不住他揽天的宏愿
(徐英才)

这首三行诗，就采用了先抑后扬的创作手法。我们知道，盆景艺术的特点是盆中景致有限，景外之意无穷。它咫尺千里，方寸天下，下可傍水，上可揽天。为了让盆景植物长成奇险的走势，盆景栽培人常常用铁丝缠牵它们。为了揭示“盆松”虽小，但小中有大、背映蓝天的“揽天的宏愿”，以此喻意人不可貌相，小人物也可以做大事的主题思想，作品在具化“盆景”这个叙述对象时，先写它表面的渺小、受制于人的一面：“铁丝/缠牵了它小小的生命轨迹”，而后揭示它的宏伟志向：“却缠牵不住它揽天的宏愿，从而突然打破读者心里的消极预期，使他们看到了“盆松”鲜为人所注意的积极的另一面。

例2.

夹缝的树

东扭西拐　寻找
光明　虽其貌不扬
心里　却活着太阳
(残文)

这首三行诗，也采用了先抑后扬的创作手法。为了揭示“夹缝的树”虽小，但它心里却充满希望，以此喻意人不要为环境所束缚，心里一定要充满阳光的主题思想，作品在具化自己的叙述对象时，先写它表面的扭曲：“东扭西拐....../虽其貌不扬......”，而后揭示它的心灵：“心里，却活着太阳”，从而突然打破读者心里的消极预期，使他们看到了“夹缝的树”鲜为人知的积极的另一面。这首诗，通过对一棵生活在夹缝里却仍然乐观向上的树的描写告诉我们，生活环境可能恶劣，但我们仍然需要有一颗进取心。这是一个随处可见的现象，一个古老的话题，但作品为什么会给我们留下如此深刻的印象呢？这就是因为作者采用了先抑后扬的创作方法。

思考题：

阅读下列三行诗，指出诗内哪个部分采用了先抑后杨的创作手法：

1. 卷笔刀

你告诉笔——
锋芒，会从一堆卷缩中
独立而出
(天端)　　　　答案：__________

2. 残荷

颜值，虽不如当初
但那条筋骨
却始终，扎根于泥土
(老厚)　　　　答案：__________

3. 磨刀石

如果，你鄙视它的粗俗
嘲讽它的迟钝
就请看看刀的锋芒
(袁子林)　　　　答案：__________

4. 面对长城

我的诗　不需要这么长

但要硬过砖 我要把满头沙尘暴的天空
砸出蓝色来
(诗匪) 答案：________________

5. 雪

谦虚得悄无声息
严寒里开出冰花
温热里汇成流淌
(徐英才) 答案：________________

二十二、对比反衬

对比反衬，就是在具化诗的叙述对象时先反说，到了升华时再正说，使前后形成对比，前者反衬后者，以凸显主题。对比反衬类似先抑后扬，但先抑后扬不形成对比，对比反衬形成对比，用前者反衬后者。因此，它比先抑后扬更能加深印象，突出主题。

例1.

根

深深地扎下去
是为了高高地
挺起来
(寒山石)

这首三行诗，在创作中采用了对比反衬的手法。根，天生扎在黑暗的泥土里，但在这首三行诗里，它扎在那里，却是为了高高地托起树。为了凸显根隐埋自己以彰显树来喻意牺牲自己彰显他人的优秀品德这个主题思想，这首三行诗在具化叙述对象“根”时，先反说“根/深深地扎下去”，而后在升华它时又正说“是为了高高地/挺起来”。这里用“深深”反衬“高高”，形成对比。这个对比，彰显了作品的主题思想。

例2.

雨珠

虽小
溅起的 是花
汇起的 是激流
(徐英才)

同样，这首三行诗，在创作中也采用了对比反衬的手法。它抓住雨珠落地反弹四处溅散起来像花朵盛开那样，而后又跟其它雨珠汇集在一起流淌向前的特点，在具化“雨珠”这个叙述对象时说它“虽小”，而在升华它时又说“溅起的，是花/汇起的，是激流”，用“小”来对比反衬盛开与汇聚，从而凸显了雨珠虽小却能开花并汇成急流的结果，以此喻意人不在于地位高低，重要的是志向。如果本诗直接描写雨珠会开花并汇成流淌而省却“虽小”，缺少这个反衬点，主题就会显得比较平淡无奇。

思考题：

阅读下列三行诗，指出诗内哪个部分采用了对比反衬的创作手法：

1. 并非传说

没见过铁棒磨成针
见过　母亲用数十个寒暑
磨陷了衣板上的木棱
(徐英才)　　　　答案：________________

2. 坚强

是悬崖上的瀑布
一边流着眼泪
一边挺起胸膛
(饶蕾) 答案：______________________

3. 人

一捌一捺易写
站立成人
难
(静好) 答案：______________________

4. 春风

昨晚逗得杏花白
今晨又惹桃花红 明天
能否摇醒 故乡梦
(残文) 答案：______________________

5. 晨景

雾
掩住了大厦、高架、天桥
掩不住霓虹闪烁、车灯川流……
(徐英才) 答案：______________________

6. 归

白雪
黑伞
朝迷蒙深处的炊烟游动
(徐英才)

二十三、以小呈大

以小呈大，就是作品需要写一个宏大的场面但不直接写这个场面的宏大，而是先写一个与其有关的纤小的物象，而后用这个纤小的物象作为支点，用它来呈现这个广大的物象。以小呈大的关键是所用的纤小物象必须与所写的宏大物象有密切关系，这个关系越是密切，作品就越有说服力。以小呈大的创作手法可以突出主题。

例1.

油菜花

牧童一横笛
就吹出
铺天盖地的金黄
(项美静)

这首三行诗写的是“油菜花”。作品采用了以小呈大的创作手法，先在具化叙述对象阶段指出“油菜花”由“牧童以横笛”吹出。“牧童横笛”短短一根竹子，这是小；然后在升华阶段指出这根横笛吹出了“铺天盖地的金黄”色的油菜花。油菜花铺天盖地，这是大。这首诗之所以给人深刻印象，是因为一小一大，以小呈大，才显得那么稀罕。如果这首作品直接了当地说油菜花铺天盖地，它就不会像现在这样给人深刻的印象。

例2.

驯马师

无需缰绳马鞭
两根银线　一束马尾
万马奔腾　排山倒海
(徐英才)

这首三行诗，写的是“二胡”。作品采用了以小呈大的创作手法，先在具化叙述对象“二胡”时指出“无需缰绳马鞭/两根银线，一束马尾”。“两根（纤细的）银线”和“一束（普通的）马尾”，是简单，是小；而后在升华时指出，“银线”虽细，马尾“虽普通”，却能使“万马奔腾，排山倒海”。诗人在这里用一个指代的修辞手法“万马奔腾，排山倒海”来指二胡气壮山河的演奏。这个“万马奔腾，排山倒海”是气势磅礴，是广，是大。这是以二胡琴弦和马尾的小来呈现音乐恢弘的大，是以小呈大。这首诗之所以给人深刻印象，就是因这个一小一大，以小呈大。

思考题：

阅读下列三行诗，指出诗内哪个部分采用了以小呈大的创作手法：

1. 露珠

一滴露，躺在草儿的怀里
撒娇
映出万千春梦

(蒋雯)　　　　答案：________________

2. 网路

屏幕上环游
位移是零
却路过世界
(曼无)　　　　答案：________________

3. 小鸟

心很小，翅膀上
却驮着
无垠的天空
(张玉杰)　　　　答案：________________

4. 二胡独奏

弦上
奔腾着
千军万马
(徐英才)　　　　答案：________________

5. 油菜花开

霜雪溃退，天渐放蓝
纸鸢不时打探
我那后山屯守的金甲十万
(午后)　　　　答案：________________

二十四、以大衬小

以大衬小与以小呈大恰恰相反。以小呈大，是以纤小的物象去呈现宏大的物象；而以大衬小，是以宏大的物象去衬托纤小的物象。由于是用宏大的物象来衬托纤小的物象，这个纤小的物象在大背景下，就会显得格外突出、明显、惹眼。与以小呈大一样，以大衬小所用的宏大物象也必须与纤小的物象有密切的关系。以大衬小比之以小呈大虽然不那么常用，恰恰正因为它不被常用，偶尔用之，会收到特殊的效果。

例1.

孤寂

辽阔穹苍下
湖边一垂柳
顾影自怜
（徐英才）

这首三行诗，开篇把镜头对准辽阔的天空。接着缩小范围，把镜头移到辽阔天空下的一个湖泊旁。接着再次缩小范围，把镜头对准湖旁的一棵孤独杨柳，低着头在那里“顾影自怜”。由于一棵纤小的杨柳被置于空阔的天穹下，旁边是广袤的湖水，它就显得格外的渺小、孤独、无助。“顾影自怜”，一般用来形容人，因此，这首诗的表面看是在描写一棵杨柳，其实它背后有人。这棵垂柳，象征一个孤独无助的人，在如大的空天下，她却只能“顾影自怜”。这个她或者是一位孤傲自洁的女士人，或者是一位清高优雅的少女，等等，让读者自己去联想吧。

例2.

手机

纵横天地之宽
飞越东西之遥
却滑失了咫尺间爱的眼神
(邓丽)

这首三行诗在创作中，也采用了以大衬小的手法。假如这首作品开篇就说，手机使我们“滑失了咫尺间爱的眼神”，那么，这个失去的爱就不会显得那么突出。这首诗为了要写“咫尺间爱”的丢失，先从宏大物象着手描写，说在手机上可以“纵横天地之宽/飞越东西之遥”，然后笔锋一转，从“天地之宽”到“东西之遥”一下子集中到咫尺之间，因此这个丢失的爱就被凸显了出来。

思考题：

阅读下列三行诗，指出诗内哪个部分采用了以大衬小的创作手法：

1. 萤火虫

在无边的黑色画布上
画着蓝色的

梦
(徐英才)　　　　答案：________________

2. 情到深处

一对白天鹅交颈
羞红
满湖的晚霞
(徐英才)　　　　答案：________________

3. 那只羊

站在贫瘠的峭壁上
瞭望边界墙那边的
肥沃草原
(徐英才)　　　　答案：________________

4. 街 景

雨后的马路
车轹，碾碎了一地的星星
只有一个盲人，在认真做着星探
(天端)　　　　答案：________________

二十五、反常理而行之

反常理而行之的创作手法，就是在具象化作品的叙述对象时，先给出一个符合常理的说法，而后，在升华作品的主题时，突然笔锋一转，给出一个违反这个常理而又不无道理的说法。反常理而行之的创作手法，主要是用看似悖论其实是合理的说法来突出主题思想。

例1.

钥匙

你学着匕首
而且捅得很准
却总把死的捅成了活的
(天端)

这首三行诗写的是“钥匙”。作品在对这个叙述对象进行具化时，用前两行文字描述它的特征：“你学着匕首/而且捅得很准”。“匕首”的主要用途当然是捅人致死；而这把匕首又“捅得很准”，可见它的致死率是多么地高。可作品在接下来对“钥匙”这个意象进行升华时，不是顺着已经在读者脑海里建立起来的常理说下去，说它多么厉害，却反其道而行之，突然反过来说它“总把死的捅成了活的”，从而凸显了作品的主题思想：钥匙是用来开门的，它的职责就是要把牢牢锁死的门打开。

例2.

友

江湖，在推杯换盏中
谋
虑
(蒋雯)

这首三行诗很形象。作品选择了“友”作为诗的叙述对象，在具化它时，先用白描手法为它设置了一个符合常理的场景：“江湖，在推杯换盏中”（江湖上的好汉喜欢聚在一起喝酒是常理），努力呈现一个一派祥和、喜庆、欢乐的江湖聚餐场面，在读者心里建立一个平和的预期。然后，在升华作品的主题时，突然来一个急转弯，反常理而行之地给出了“谋/略”两个字，点出一个恰恰相反的秘密：在祥和、喜庆、欢乐的江湖聚会场面背后隐藏着的是谋略、暗算、倾轧。

例3.

春光

都说春光难住
我心里为何总有
诧紫嫣红
(徐英才)

这首三行诗，开篇即指出“都说春光难住”。“难住”，即“难以留住”的意思，它借助宋代王观的“若到江南赶上春，千万和春住”以及《红楼梦》大观园里湘云的那句“且住，且住，莫使春光别去”混合而成。主要说春光金贵、稀罕、迅即，应该倍加珍惜。因此，“春光难住”是一个常理。在对诗歌进行升华时，它采用了反常理而行之的创作手法，反过来说“我心里为何总有/诧紫嫣红”。“春光”原先表示生活中的实际的时光，而“我心里为何总有/诧紫嫣红”却指心中的美好，是虚拟的春光。作品以此说明，生活里的春光虽然难以留存，但我心中的美好却可以长存。 这一反常理而行之的创作手法，深化了作品的思想，充盈了文字的张力。

顺便说一下，“诧紫嫣红”一词出自宋代思想家、教育家朱熹的“万紫千红”。这首诗之所以不用“万紫千红”而改为“诧紫嫣红”是因为在这首诗里用后者比前者的内涵更为丰富。朱熹《春日》的全诗如下：

胜日寻芳泗水滨，无边光景一时新。
等闲识得东风面，万紫千红总是春。

思考题：

阅读下列三行诗，指出诗内哪个部分采用了反常理而行之的创作手法：

1. 祈祷

静坐千年　大慈大悲
可知脚下的蚂蚁
眼泪在飞

(程家惠)　　答案：________________

2. 高升

平步青云后
晴雨
依旧要看老天的脸色
(蒋雯)　　答案：________________

3. 并非传说

没见过铁棒磨成针
见过母亲用数十个寒暑
磨平了衣板上的木棱
(徐英才)　　答案：________________

4. 稻草

出身卑微
编织起来
度过多少人到达远方
(徐英才)　　答案：________________

5. 订书针

小得无足轻重
但毕生聚拢的
都不无价值
(徐英才)　　答案：________________

6. 鱼的世界

轻摇慢摆中
紧绷着
提防
(徐英才)　　　　　　答案：________________

二十六、顺悖论而出乎意料

顺悖论而出乎意料，就是在对三行诗的叙述对象进行具化时，先给出一个有悖常理的描述，以激起读者的好奇心，希望了解为什么会这样。然后，在升华时，就着这个悖论，给出一个出乎读者意料的结果，但这个结果又符合这个悖论。采用顺悖论而出乎意料的创作手法，往往会收到事半功倍的效果，让读者先失于迷茫，而后拨开云雾，明白其所以然。因此，它会加深作品的形象感。

例4.

雪花

谁说冬天不开花
要开　就开个誉满天下
结个金秋银夏
(残文)

这首三行诗，选择“雪花”作为自己的叙述对象。在具象化它的时候，先用反问给出一个有悖常理的景象：“谁说冬天不开花”（大多数植物冬天都不开花，所以这有悖常理），以激起读者的好奇，欲进一步了解为什么会这样。而后，在升华作品的叙述对象时，越过读者的心里预期说：“要开就开个誉满天下/结个金秋银夏”（指冬天所结的冰晶莹剔透胜过花朵），道出冬天不但开花，还开得比其他季节都要宏盛。

例5.

瀑布

谁说没有龙
诺日朗下
它鳞光闪闪从云雾中轰鸣而来
(徐英才)

这首三行诗，选择“瀑布”作为自己的叙述对象。在具象化它的时候，也是先用反问给出一个有悖常理的景象：“谁说没有龙”（龙只存在于神话小说里，所以这个假设有悖常理），以激起读者的好奇，欲进一步了解为什么会这样。而后，作品在升华它的时候，越过读者的心里预期说：“诺日朗下/它鳞光闪闪从云雾中轰鸣而来”（指诺日朗大瀑布像蛟龙飞舞），道出诺日朗大瀑布犹如蛟龙飞舞般的磅礴气势。

思考题：

阅读下列三行诗，指出诗内哪个部分采用了顺悖论而出乎意料的创作手法：

1. 驯马师

无需缰绳马鞭
两根银线　一束马尾
万马奔腾　排山倒海
(徐英才)　　　　答案：＿＿＿＿＿＿＿＿

2. 枫叶颂

即使　剩下最后
那滴血
也要染红江山
(残文)　　　　　　　　答案：＿＿＿＿＿＿＿＿＿＿

3. 风景

无风　哪来景
不然
为何游人趋之若鹜
(徐英才)　　　　　　　答案：＿＿＿＿＿＿＿＿＿＿

4. 父亲

一根筋
不让我在田里耕地
要我在文字里耕耘
(徐英才)　　　　　　　答案：＿＿＿＿＿＿＿＿＿＿

5. 蝴蝶

生来并无翅膀
用牙
为自己开脱了一条通天的路
(徐英才)　　　　　　　答案：＿＿＿＿＿＿＿＿＿＿

6. 粽子

裹在里面的
不是米
是我掰不散的乡愁
(徐英才)　　　　答案：＿＿＿＿＿＿＿＿＿＿

二十七、导出结果

导出结果，就是在具化作品的叙述对象时给出因，在升华它的时候给出一个结果。导出结果法，是三行诗创作中常用的手法之一，它能够深化作品的主题思想，提高作品的深度与厚度。

例1.

乡愁

是一种幸福病
越老越严重
多少游子　抱病而终
(残文)

这首三行诗，写的是“乡愁”。作品在具化它的时候，先用一个暗喻把乡愁比作“是一种幸福病”，这是因。然后用导出结果的手法升华它，说患了这种病的后果是“越老越严重/多少游子，抱病而终”，这是果。这个导出结果的手法，深化了主题，把乡愁是一种病提高到不可治愈以至于很多游子到死都没能回到故乡的程度。导出结果法，是一种深化作品主题思想的有效手法。

例2.

流星

出轨!

堕
落
(唐淑婷)

这首诗写的是“流星”。同样，作品在把它具化成“出轨”这个原因后，用导出结果的手法升华了它，给出了“出轨”的结果是“堕落”。“堕落”，在这里具有双层含义，既指流星实体的坠落也指人的道德沦丧，因此，这个采用导出结果法进行的升华，既指流星因出轨而坠落，也指人因出轨而堕落，从而大大深化了作品的主题思想。

思考题：

阅读下列三行诗，指出诗内哪个部分采用了导出结果的创作手法：

1. 人情

经线是火 纬线是冰
网里跳动的是
疲惫的心
(程家惠)　　　　答案：______________________

2. 大与小

面朝阳光
再小的花
也灿烂

(徐英才)　　　　答案：＿＿＿＿＿＿＿＿

3. 人生抉择

背阳路
才会走在
阴影里
(徐英才)　　　　答案：＿＿＿＿＿＿＿＿

4. 气压锅

不停加火
一旦找到气口
当然怒气冲天，一涌而出
(徐英才)　　　　答案：＿＿＿＿＿＿＿＿

5. 柿子红

阳光越积越厚
心
软了，甜了
(青果)　　　　答案：＿＿＿＿＿＿＿＿

6. 蝴蝶

喜欢也不要去逮
种一片花
它自然就来
(车走直线)　　　　答案：＿＿＿＿＿＿＿＿

7. 望天树

生性莫不作声
只顾汲取养分
才冲入云霄
(徐英才)　　　　答案：________________

二十八、道出原因

与导出结果相对，道出原因，就是在对作品进行具化时先给一个结果，而后在升华时指出造成这个结果的原因。在三行诗的创作中，道出原因的手法不如导出结果的手法那么常用，但如果用得好，可以使作品的内在结构上显得更加自然严谨，从而可以深化作品的主题思想，提高作品的深度与厚度。

例1.

螃蟹

长了八只脚也没学会走路
凸眼珠
是妒忌落下的病根
(冷慰怀)

这首三行诗是采用“道出原因”的创作手法写成的。作品写的是关于螃蟹的事。它在首行具化作品的对象“螃蟹”时，先把它描绘成：“长了八只脚也没学会走路”/“凸眼珠”。眼珠为什么会“凸”？作品在最后一行升华主题的时候给出原因，说它“是妒忌落下的病根”。这首作品结构严谨、脉络清晰，与它围绕事情的果因做文章是分不开的。

例2.

我的河

爱它　不是因为它深邃流长
是因为
它心里装着一片蓝天
(徐英才)

这首三行诗也是采用“道出原因”的创作手法写成的，只不过，它并不是采用先给出事情的结果而后道出其原因的方法，而是先采用了一个否定法而后道出其原因的方法。具体地说就是，先否定作者对这条河的爱是由于它深邃流长这种看法，而后道出对它爱的是真正缘由，那就是因为它心里装着一片蓝天，以此来寓意诗人所爱的的是一个心地灿烂的人。用否定前一个意象来加强后一个意象是为了形成一个对比，突出主题。

思考题：

阅读下列三行诗，指出诗内哪个部分采用了道出原因的创作手法：

1. 往事又浮现

满桌子的山珍和海味
我却没胃口
想起，喂大童年的窝窝头。
(老厚)　　　　答案：＿＿＿＿＿＿＿＿

2. 凋殒

很庄严，一朵樱花凋坠了
很肃穆，一个生命陨灭了
一切来自泥土，最终又回归泥土
(何均)　　　　　　　　　答案：________________

3. 老樟树

遍体的伤
攀登九霄的天途中
留下的
(徐英才)　　　　　　　　答案：________________

4. 芦花

脚　踩在泥塘里
头　也要扬起
趴下就再也飞不起来
(徐英才)　　　　　　　　答案：________________

二十九、再赋新意

再赋新意，就是在对叙述对象具化时，先赋予它某种意义，然后在升华它时，再赋予它一层更新的意义，以拔高主题，深化思想。要用好再赋新意，关键是旧意与新意要有合理关联，新意是在原先旧意的基础上生发而出的。

例1.

致父亲

父亲，你睡着的地方
也睡着
昨晚落山的太阳
(铁帆)

这首三行诗，选择“父亲”作为自己的叙述对象。在具化诗的对象时，采用了移就的修辞手法，用“睡着”来表示父亲已经去世了，安然地躺在那里。接着，在升华主题时，诗人笔锋一转，用一个拈连，就着前一个“睡”说，“也睡着/昨晚落山的太阳”。这第二个“睡着”已经不是前面那个“睡觉”所表示的“安息”的意思了，而是有了新意，指落山的太阳。至此，诗人赋予了父亲安息的地方以一个更为高尚的，更为伟岸的意义，让读者感受到，父亲的离去，在他们的心里，就像落山的太阳一样。这就是再赋新意的作用。

例2.

春讯

枝头上的黄鹂　蹦来
跳去。趾印儿 立马
都长成了桃花骨朵
(残文)

这首三行诗，要说的是“春讯”，也就是关于春天的消息，而它的叙述对象则是物象“黄鹂”。作品开篇在具象化诗歌对象“黄鹂”时，用白描手法写它们蹦跳在枝头上。这看似平常无奇，但在升华时，作者笔锋突然一转，把黄鹂蹦跳过留下的趾印化为“都长成了桃花骨朵”，赋予了这些趾印以更新的意义，营造了一个春意盎然的意境。这个意境，触发了读者的联想，增加了文字的张力。

思考题：

阅读下列三行诗，指出诗内哪个部分采用了再赋新意的创作手法：

1. 立春

捡几声鸟儿的鸣叫
雪融处
春，站了起来
(项美静)　　　　答案：________________

2. 收获

一滴滴汗水滴下
被农民伯伯拾起时
已经变成了黄金
(陈林)　　　　　　　　答案：______________________

3. 意象丛林里

每片落叶每枚落果
撞入一双灵视的瞳孔
都可能在瞬息间 转世成诗
(沈竞雄)　　　　　　　答案：______________________

4. 暗夜

渐渐淹没
高高的群楼
它们用一个个窗亮撕开了它
(徐英才)　　　　　　　答案：______________________

三十、留白

言外之意是三行诗的精髓。在三行诗创作中，努力造就作品的言外之意，是诗人所面临的一项重要考验。造就作品的言外之意有很多方法，留白就是其中一个。 留白，是中国传统绘画中一个常用技法。中国传统绘画中的留白，是指在山水画中，不把画面绘满，而留下空白，使画面虚实相间，实处观者可以一目了然，虚处促发观者联想。这种技法运用到三行诗的创作上去，就是在升华作品主题的时候，不说透，留出空白，让读者自己去想象那没有说出来的是什么。在三行诗的创作中，留白可以增加语言的张力，增强诗画面感，深化作品的主题思想。

例1.

渴望

雪野
一只缩颈白鹭
呆望着冰封的河溪，等待——
(徐英才)

这首三行诗的叙述对象是“白鹭”。作品在具象化它的时候，先点明它所处的环境是“雪野”，其中的“雪”字暗含寒冷。然后在升华主题时不把话说透，只说白鹭“缩着颈”在“呆望着冰封的河溪，等待——”。至于它等待什么，作者故意不说，让读者自己去揣测。这就是留白。它旨在激发读者的想象，让读者从作品里埋设的“雪野”、“缩颈”、“冰封”等描写去揣摩：大雪遍野，寒气袭人，白鹭因河流被“冰封”而捕不到鱼，饥寒交迫地等待着冰消雪融、生机盎然的春天到来，那时，它就可以捕到鱼，让生命再奏凯歌。

例2.

月牙

是只犀角
这边是我
那边是你
(徐英才)

这首三行诗的叙述对象是“月牙”。作品首先具象化它，用一个暗喻把它比作“是只犀（牛）角”。然后，在升华它的时候，采用了留白的手法，仅说你我的方位：“这边是我/那边是你”，而不告诉读者你我在做什么，让读者自己去揣摩。熟悉“心有灵犀一点通”这个典故的读者会从其间埋设的“犀(牛)角”知道，虽然你我远隔千里，那月亮就是传递、感应你我的犀牛角，我俩虽远隔千里，但我们的心是紧密相印的。

思考题：

阅读下列三行诗，指出诗内哪个部分采用了留白的手法：

1. 听风

侧耳　回眸
门环正背靠着背
谈论一段上了锈的往事
(杨留碗)　　　　　　　答案：________________

2. 晨景

雾
掩住了大厦、高架、天桥
掩不住霓虹闪烁、车灯川流……
(徐英才)　　　　　　　答案：________________

3. 小满

麦穗鼓起肚子
一只蝴蝶凑过来
侧耳倾听胎动的声音
(杨留碗)　　　　　　　答案：________________

4. 秋叶

辉煌后
伴着风鸣的安魂曲
飘向无垠
(徐英才)　　　　　　　答案：________________

5. 听雪

白雪、黑伞、一对偎依的背影

扑簌簌的
是雪声还是心跳
(徐英才)　　　　　　　　答案：＿＿＿＿＿＿＿＿＿＿

6. 等待

她在站台上
焦急地等待
车把她送到心轨交汇的远方
(徐英才)　　　　　　　　答案：＿＿＿＿＿＿＿＿＿＿

三十一、暗示

暗示，顾名思义，就是在升华作品的时候，不直接道明作品的主题思想，而是采用暗示的办法，引发读者自己去揣摩作品的主旨。要用好暗示的创作手法，在具化诗歌的叙述对象时，就要事先埋下需要读者思考到的东西。暗示是否成功的关键，就在于这个暗示是否能够触发读者思考到预先埋设的创作意图。

例1.

美国自由女神像

做女人不易
做全世界向往的女人谈何容易?
我注意到了她的脚，未被缠过
(天端)

这首三行诗的创作意图，是要揭示美国自由女神像所象征的“自由”这个含义。“自由”是一个抽象的概念，比较难以表达，为解决这个问题，作品采用了暗示的创作手法，在具化它的叙述对象自由女神像时，就进行了铺垫，把有关“自由”的思想埋设在其中，说“做女人不易/做全世界向往的女人谈何容易”（全世界的女人向往她什么？当然是自由）。等这个铺垫埋设完成后，作品接着升华它说，“我注意到了她的脚，未被缠过”。女人的脚未被缠过，虽然含有“自由”的因素，但并不明确，它也可以被理解成其它含义，比如自然的脚更美，自然的脚便于行走等等。但有了埋设在铺垫里的“自由”之含义，这个暗示就会被读者理所当然地理解成自由的意思。

例2.

粽子

飘的是香
还是“乡”
我有时真地分不清
(徐英才)

这首三行诗，言简意赅，没有几个字，但却表达了一种由粽子引起的乡愁。粽子引起乡愁是一件很自然因此也很平常的事，但作品值得被欣赏的地方是，它不落俗套，没有直抒粽子如何引起乡愁，而是在具化诗歌的叙述对象时，把这种乡愁感埋设在一个谐音里，由粽子的“香”带出乡愁的“乡”。埋设完成后，作品开始使用暗示的手法升华主题，说“我有时真地分不清”。好一个“真地分不清”！它把那种吃着粽子感觉到的到底是“香”还是“乡”混合在一起，淋漓尽致地表达了那种从心底涌起的乡愁感。

思考题：

阅读下列三行诗，指出诗内哪个部分采用了暗示的创作手法：

1. 夏日山村

绿肥，也遮挡不住秘密
颗颗青果已暴露
该如何商议，压弯秋天的腰
(老厚) 答案：________________

2. 芦苇

顶戴花翎
高高地仰着头
水在它脚下默不作声
(徐英才) 答案：________________

3. 春意萌动

柳蒿芽，不再遮遮掩掩
集聚田间地头
酝酿，如何在三月发起攻势
(老厚) 答案：________________

4. 在中国银行

钱是一部法典
存钱的　不是父亲
欠钱的　才是
(徐英才) 答案：________________

5. 黄河

蜿蜒　奔腾　金灿灿

它到底是条江还是龙
地质学家这样说　历史学家那样说
(徐英才)　　　　　　　　答案：________________

6. 微笑

对视。你的翠池
翻卷花浪，我一不小心
深深陷入那漩起的酒涡
(王传顺)　　　　　　　　答案：________________

7. 衣板

母亲搓塌的木棱
去了哪里
——她的那根拐棍?
(徐英才)　　　　　　　　答案：________________

三十二、象征

象征，简言之，就是明里写此，暗里写彼；也就是，看似在写这个物或者这件事或者这个概念，其实所含内容超出了表面的含义，暗指另一个意义更为深刻的物，或者事，或者概念。比如用荷花象征爱情，就是明里写荷花，暗里指的是爱情；比如用月亮象征乡愁，就是明里写月亮，暗里指的是乡愁，等等。用好象征手法的关键，是象征与被象征之间要有共性，所选的素材、词语搭配必须既符合象征体的特性也符合被象征体的特性。如此，象征手法才能自然天成。在三行诗的创作中采用象征手法，往往会使诗后藏有人，使主题深化，作品具有言外之意。

例1.

山泉

绝口，不提一路坎坷与曲折
咽下风沙
含笑，潜入莫测的江湖
(陈世勇)

这首三行诗，无论是在具化诗歌的叙述对象山泉时说“绝口不提一路坎坷与曲折”，还是在升华它的时候说“咽下风沙/含笑，潜入莫测的江湖”，都采用了象征的手法，表面看是在写“山泉”，实则是在写人，以山泉来象征人。山泉不屈不挠、任劳任怨的精神也就是一个崇高的人所应具有的精神。如果这首诗单单为写山泉而写山泉，那它的立意就会平淡得多，至多只是风景描写而已。现在，诗后有人，它把山泉的精神提高到了人的精神高度，那诗的主题就深刻得多。诗就有了言外之意。

用象征手法来创作三行诗，关键在于所选材料和词语搭配必须既适应象征体也适应被象征体，两者契合得越是紧密，作品就越是自然天成。这里用来描写山泉的“一路坎坷与曲直”、“潜入莫测的江湖”就既适应描写山泉的流淌也适合描写人生的旅途。

例2.

空竹

做空
抛出去
才能溜溜扯转，哗哗扯响
(徐英才)

这首三行诗，写的是空竹指的投资，是用空竹象征股票期货。作品具有双重含义。

“做空”，对空竹来说，是把这个玩具做成空心的，扯动它，它才能发声；对投资来说，是一种操作模式，与做多相对，是在预期股票期货市场会有下跌趋势前，将手中筹码卖出。

“抛出去”，对空竹来说，是在玩这个玩具的时候，先用细竹制成的手柄牵着的细绳牵绕着它，把它抛入空中，然后扯动它，使它发出声响；对投资来说，就是在股价或者期货高位时，把手头的筹码抛出去卖掉，等到低价位时再买进，以此赚钱。

“才能溜溜扯转，哗哗扯响”，对空竹来说，如果你这个玩具玩得好，你就可以把它玩得刺溜溜地转，发出嗡嗡的声响；对投资来说，如果你做空做得好，就可以把股票期货市场玩得团团转，钞票才会哗啦啦地流进来。

可见，这首诗是采用了象征的手法写成的，它所选用的素材以及词语搭配“做空”、“抛出去”、“溜溜扯转，哗哗扯响”既适合描写空竹也适合描写投资。三行诗不能只表达三行的含义，那样的三行诗平淡无味。三行诗贵在要具有丰富的言外之意，象征手法是丰富三行诗言外之意的其中一个有效方法。

例3.

海螺

不净身
怎能
一人之下，万人之上
(徐英才)

这首三行诗写的是“海螺”象征的是人，它采用了反问的形式来加强语气。作品开篇在具化叙述对象时，先揭示“海螺”需要“净身”才能吹得响这个特征，而后对它进行升华时用反问说，“怎能/一人之下，万人之上”？其间采用了象征的创作手法，表面看是在写“海螺”，实则是在写人，以海螺来象征皇宫里的太监。海螺要吹响，就得把肉挖掉，挖掉肉的海螺就可以发号司令。海螺只听施号人的命令，其他人都得听它的，因此海螺在一人之下（吹号者），万人之上（听号者）。海螺要“净身”，太监也得“净身”。因此，这个海螺象征太监。太监给皇上传旨，他只听皇上的，其他人都得听他的。

如果这首诗单单为写海螺而写海螺，那它的立意就会平淡得多，那至多只是描写了一个物象而已。而现在，诗后有人，它把海螺的精神提高到了人的高度，那诗的主题就深刻得多了。同样，为了暗示这个象征意义，作品选用的素材和词语搭配“净身”、“一人之下，万人之上”既适用描写海螺也适用描写太监。

思考题：

阅读下列三行诗，指出诗内哪个部分采用了象征的创作手法：

1. 诗情

路在我脚下走着
河在我体内流着
路没走到尽头　河就一直流
(沈竞雄)　　答案：________________

2. 两只蝴蝶

缠绵在鸢尾花上
那是从十八里长亭
飞来的?
(周瀚) 答案：

3. 与风说

脚步别太紧别太急
老屋内烛火羸弱
再也经不起接连咳嗽
(郑国贤) 答案：

4. 影

她静立在窗前，突然
猛地拉开整个夜幕
我的世界一下子亮了
(章金海) 答案：

5. 夕阳

红如陈年浊酒
什么滋味
都有
(肖益人) 答案：

6. 灯罩

为了给下层更多的光

你遮住了
向上层的照射
(天端) 答案：＿＿＿＿＿＿＿＿＿＿＿＿

7. 信号灯故障

那个十字路口
父亲向左走，母亲向右走
我在原地，等不到绿灯
(陈林) 答案：＿＿＿＿＿＿＿＿＿＿＿＿

8. 净心

枭雄弄潮
渔樵煮酒
都躲不过浪花
(徐英才) 答案：＿＿＿＿＿＿＿＿＿＿＿＿

9. 山与河

不知是河缠山
还是山护着河
总之 它俩在一起是道亮丽风景
(徐英才) 答案：＿＿＿＿＿＿＿＿＿＿＿＿

三十三、双关

双关，就是一词双意，用一个词既表达此意也表达彼意。在三行诗里，双关的此意就是该词的本意，双关的彼意，则是埋设在对诗的叙述对象进行描写里的那个意义。没有埋设在对诗的对象进行描写里的那个意义，双关就双不起来。可见，双关并不仅仅只是使用一个具有双关意义的词汇而已，而是需要有成功的预设。有了预设，才能双关得起来。双关用得好，可使语言的表达更为含蓄、给人的印象更为深刻，同时也增加了作品的容量与张力。

例1.

高粱红了

风
点燃一垄血色
秋　火了
(苦艾)

这首三行诗，重在造境，不在立意。读完它，你的脑海里会萦绕一幅画面：入秋了，风儿把一垄高粱吹得血样红。红高粱又反过来把秋燃烧得更加辉煌。这首诗的看点，是它结尾升华处的双关：“秋，火了”。这个“火了”，既指秋色更加辉煌，也指这个词语当下流行的含义：“时兴”。“时兴”是它的本意，“更加辉煌”则是诗人在具象化诗歌的叙述对象“秋”时埋设在他的描写中的：“风/点燃一垄血色”，其中的“点燃”，为升华时使用双关“火了”做好了埋设。没有这个埋设，秋就火不起来了。

该作品生动就生动在这个双关的成功运用上。是呀，秋色那么辉煌，像火一样，多少人秋游，踏出门外，去大饱眼福，去郊外赏秋啊，它确实很火。

例2.

家乡的炊烟

总直不起腰
是
薪少
(诗匪)

跟前面那首《高粱红了》不同的是，这首三行诗重在立意而不在造境；跟前面那首三行诗相同的是，它在结尾升华时也采用了双关的修辞手法。"薪少"，在这里是一个双关，它既表示"柴火少"，所以烟就浓不起来；浓不起来，也就直不起来；也表示"薪资少"，收入少；收入少，开不出烟火，所以烟"总直不起腰"。"薪资少"，是这个词的本意；"柴火少"是诗人埋设在对诗的叙述对象"炊烟"进行的描写中："家乡的炊烟/总直不起腰"。正因为有了这个埋设，升华时用的"薪少"这个词才双关了起来。

思考题：

阅读下列三行诗，指出诗内哪个部分采用了双关的创作手法：

1. 锅铲

你说这是你的课本
翻来覆去
就是为了把生的弄成熟的
(天端)　　答案：________________

2. 柿子

谁
家
红——了
(徐英才)　　答案：________________

3. 分手

阳光离去后
一直阴云密布
毫无晴意
(徐英才)　　答案：________________

4. 流星

出轨!
堕
落
(唐淑婷)　　答案：________________

三十四、递进

递进，就是把一个意象递进到另一个意象上，同时又把原意象的内涵叠加在新的意象上，使递进后的新意象具有前后双重的内涵。在三行诗的创作中采用这个手法，常常能够加强语言的张力，意象的生动、作品的深度，使诗更具欣赏性与耐读性。递进法，常常牵涉到曲喻、借代、通感等修辞手法的运用，所以比较难用。不过一旦用好，作品会更上一个层次。在使用递进法的时候，新意象要自然合理，不能硬拉胡扯。

例1.

原野

前额挺起一片原野
足够放牧诗这匹赤兔马
还有，我的江山
(项美静)

这首三行诗，开篇用一个曲喻“前额挺起一片原野”把“前额”比作“原野”，从而把“前额”这个意象递入“原野”，这个新意象就叠加了“前额”和“原野”两个意象。这是第一个递进。

然后，作品就着 “原野”这个新意象，再用一个曲喻“足够放牧诗这匹赤兔马”，把作者的诗心比作一匹“赤兔马”，从而把“原野”这个新意象递入“诗这匹赤兔马”。这个新意象就叠加了“前额”、“原野”和“赤兔马”这三个意象。这是第二个递进。

接着，诗人再用一个曲喻“还有，我的江山”把诗心比作“我的江山”。“我的江山”即她辽阔宏伟的诗心，从而把“原野”这个新意象递入到“我的江山”。这个新意象就叠加了“前额”、“原野”和“我的江山”这三个意象。第三个递进后的意象“我的江山”与第二个递进后的意象“诗这匹赤兔马”平行，都从“原野”递进而来。

这些递进，从小到大，不但成功地营造了一个悠远的意境，还使作品饱含张力，充分地抒发了诗人宏伟辽阔的诗心。

例2.

时间的价值

把时间敲进键盘
打印出来
化作墨香飘逸
(徐英才)

这首三行诗，开篇使用了两个借代的修辞手法：第一个是用“时间”指代“花大量的时间进行创作”；第二个是用“敲进键盘”指代“敲击键盘把文字输入到电脑里去变成电脑文档”。这两个借代，成功地把“时间”递入“键盘”，把长长一串含义（花大量的时间进行创作，敲击键盘，把文字输入到电脑里去变成电脑文档）压缩在短短七个字里：“把时间敲进键盘”。这是第一个递进。

接着，作者直接把指代“电脑文档”的“键盘”这个新意象递入“打印出来”，这是第二个递进。这个新意象“打印出来”含有从电脑文档打印成书本的含义。

接着，作者又直接把“打印出来（的书本）”这个更新的意象递进到“化作墨香飘逸”，暗喻作品发表后流传广泛，影响深远。

至此，这首哲理诗，用短短的十七个字把长长的含义清晰地表达了出来，它生动形象、饱含张力，从一个侧面表达了作者的人生观：人生短暂，要把时间花在刀刃上，进行写作，把思想变成文字。

例3.

路

父亲走过的路
都粗犷地深刻在他的额上
不愿遗传给我们
(徐英才)

这首三行诗，开篇运用了通感的修辞手法，把“父亲走过的路”递进成“深刻在他额上的（皱纹）”，这是第一个递进。这个递进虚虚实实，把父亲一生因辛劳坎坷而前额长满皱纹的情况描写得栩栩如生。

紧接着，这首诗又把“深刻在他额上的（皱纹）”这个新意象递进成基因，说他“不愿遗传给我们”，这是第二个递进。这个递进又把父亲不但吃苦耐劳而且极具责任心、不愿孩子们像他那样辛劳一辈子的心理描写得惟妙惟肖。

至此，我们可以看出，这个层层递进的创作手法，成功地刻画了一位饱经风霜、年事已高的父亲形象。它用短短二十四个字，把这位父亲为了孩子们的幸福不畏艰辛、坚忍刻苦地劳作了一辈子，在历尽千辛万苦有了些许收获后，把幸福留给孩子，不愿他们遭受他曾经受过的罪这个过程描写得淋漓尽致。

思考题：

阅读下列三行诗，指出诗内哪个部分采用了递进的创作手法：

1. 麻将牌

把日子砌起来
打出去
最后手上留下一张白板
(穆仁)　　答案：____________

2. 城市诱惑

祖孙三代的汗水流成河
我泅渡到霓虹的深处
乡愁在方言中咳血
(杨留碗)　　答案：____________

3. 灵感

核仁形云层里迸出一道闪电
无数惊马从高山、林莽……
奔向诗的远方
(徐英才)　　　　　　　　答案：______________________

三十五、混喻

混喻，就是把不同类型的比喻混用在一起，目的是为了使作品更为形象生动。这类作品，如果采用白描手法来写，会平淡无味，毫无诗意，而一旦采用混喻的创作手法写成，很简单直白的物或事，立马就有了诗意，就会栩栩如生。这就是为什么三行诗特别爱用这个手法。

例1.

油菜花开

霜雪溃退，天渐放蓝
纸鸢不时打探
我那后山屯守的金甲十万
(午后)

这本是一首含义简单的三行诗，它无非描写了有人在油菜花地里放飞风筝的场景，但由于它混合使用了一连串的比喻，使作品立刻生动形象了起来。它把霜消雪融比作兵败溃退，把放飞风筝比作纸鸢打探，把遍地油菜花比作“后山屯守的金甲十万”。值得注意的是，作品里采用的大小对比法，即遍地广阔无垠的油菜花与高高飞起的小小的风筝的对比，更加深了作品的形象性。

例2.

柳 笛

一口气，嘟嘟吹响童年集结号
回忆便开着碰碰车
从时光隧道，追尾而来
(绿柳枫)

这本来也是一首含义简单的三行诗，无非描写了对童年的美好回忆，但由于它混合使用了一连串的比喻，使作品立刻生动形象了起来。它把吹响柳笛比作“嘟嘟吹响童年集结号”，把回忆蜂拥而来比作“回忆便开着碰碰车”疾驰而来，把对童年的回忆比作“时光（的）隧道，追尾而来”。恰恰正是这一连串的比喻，才使作品如此形象生动。

例3.

弹精竭虑

怀念
试图挣脱思之壳
却被一次次无情弹回
(徐英才)

这本来也是一首含义简单的三行诗，它无非描写了一种极为深切的怀念，但由于作者并没有平铺直叙，而是采用了一连串的混合比喻，作品就显得十分形象生动。它把“怀念”比作一个被紧锁在箱子里的生命体，试图挣脱箱子的囚禁，从而不再怀念，但一次次碰壁，被无情地弹了回来。每一次弹回，都是怀念的加深。

思考题：

阅读下列三行诗，指出诗内哪个部分采用了混喻的创作手法：

1. 岁月

驱走了
我童年时
在云海里圈养的宠物
(徐英才)　　　　　　　答案：＿＿＿＿＿＿＿＿＿＿

2. 看书

一手托起鲲
一手扇动鹏翅 （特征）
乘着它　傲游星空海角
(徐英才)　　　　　　　答案：＿＿＿＿＿＿＿＿＿＿

3. 缺席的时空

把襁褓凝固在视窗里
让缺席的记忆
在未来返回席位
(徐英才)　　　　　　　答案：＿＿＿＿＿＿＿＿＿＿

4. 黎明

夜 开始分娩

一个颠覆基因的伟大婴儿
即将诞生
(沈竟雄)　　　　　　答案：________________

5.　思维

一匹脱缰的马
狂奔在辽阔的草原
一叶小舟 在向彼岸悄悄偷渡
(沈竟雄)　　　　　　答案：________________

三十六、夸张

夸张，就是采用夸大其词的手法来创作三行诗。人人都明白什么是夸张，但在使用夸张的方法创作三行诗的时候，切记不能毫无目的地随意使用它；也不能肆意消费语言的严谨性和逻辑性，让人感觉所用夸张或属随意造就，或属无所依托。使用夸张法，首先必须要有使用夸张而不用一般语言的理由。为作品营造气势就是其中一个很好的理由。使用夸张法，又必须行文严谨，逻辑分明，不能不符合文字和逻辑的合理要求。夸张法用得好，会使短短的三行诗气势磅礴，震撼人心。

例1.

微诗

挥动心剑
截断冰川　推入大海
把生命的源藏在冰尖下
(徐英才)

这首三行诗，是采用夸张的手法创作而成的。注意，虽然诗语言的使用规则比较宽泛，但行文也必须严谨、符合逻辑，不然就会给人一种廉价的、未经推敲的、随手拈来的感觉。也就是说，使用夸张法，必须有理有据，有所依托。比如，从表面看这首诗，我们怎么能够用小小的“剑” 去“截断（巨大的）冰川”然后“（把它）推入大海”并 “把生命的源藏在冰尖下”呢？这好像很不合理。但是，作者挥动的是“心剑”，截断的是“诗的冰川”，藏在冰尖下的是诗的张力。所以，这些夸张，并非未经缜密思考而随意写就的廉价文字。它有所依托，有理有据，是精心锤炼的结果。这首三行诗采用的夸张法，使作品气势磅礴，与它的三行诗虽小但也可丰厚恢弘的主题思想不谋而合。

例2.

面对长城

我的诗　不需要这么长
但要硬过砖 我要把满头沙尘暴的天空
砸出蓝色来
（诗匪）

这首诗也是采用夸张的手法创作而成的，它咋看并不合理，"砖"，怎么能用来砸开"天"呢？但这里的"砖"，指的是诗人的作品虽然短小但质地好，硬度强。当前诗歌界昏沙走尘，风气不正，他要用优秀的诗去打破歪诗的一统天下。所以，这个夸张是有所依托、合情合理的。

思考题：

阅读下列三行诗，指出诗内哪个部分采用了夸张的创作手法：

1. 长江说

谁也没我的剑犀利

一洪劈开
南北　温寒　还有将与才
(徐英才)　　　　　　　　答案：____________

2. 书

一手托起鲲
一手扇动鹏翅
乘着它　傲游星空海角
(徐英才)　　　　　　　　答案：____________

3. 落日

风脱掉战靴。沙粒成金。夕阳跪
在小河旁，一遍一遍清洗
手上的血色
(亚夫)　　　　　　　　答案：____________

三十七、活用典故

诗，贵在创立新意，忌讳陈词滥调。三行诗短小精悍，更是避忌典故成语之类的熟语。但这并不等于说三行诗里就不可以使用它们。三行诗本来就需要精致灵巧，如果一个典故可以给作品省却很多字，增加很多凝练性，带来新意，为何不用呢？三行诗里典故用得好，反而能增加作品的新意。

例1. 活用成语

浪

拍岸
叫
绝
(唐淑婷)

这首三行诗，全部作品由一个成语组成：“拍案叫绝”。作品巧妙地把成语“拍案叫绝”里的“案”改成谐音词“岸”，从而把一个拍着桌子叫好，形容极为赞赏的成语改成了浪拍海岸，雄浑叫绝的场景描写，不由地不使人联想到宋代大文豪苏轼的《念奴娇 · 赤壁怀古》：

大江东去，浪淘尽，千古风流人物。
故垒西边，人道是，三国周郎赤壁。
乱石穿空，惊涛拍岸，卷起千堆雪。
江山如画，一时多少豪杰。

能引起读者做这样的联想，本身就说明这首三行诗的成功。

例2. 活用词牌

浪淘沙

人
物
史
(徐英才)

这首三行诗，作品的标题部分由中国古诗词的词牌名“浪淘沙”组成，内容部分只有三个字：“人物史”，用以解释标题，意思是“浪淘沙”就像一部有关重要人物的史书。这层含义来自中国古诗词《临江仙 · 滚滚长江东逝水》，它由明代诗人杨慎写成，全诗如下：

临江仙 · 滚滚长江东逝水

滚滚长江东逝水，
浪花淘尽英雄。
是非成败转头空。
青山依旧在，
几度夕阳红。

白发渔樵江渚上，
惯看秋月春风。
一壶浊酒喜相逢。
古今多少事，
都付笑谈中。

同理，能引起读者这样的联想，本身就说明这首三行诗的成功。这首诗通篇的意思是说，历史的潮流像大江之水，淘尽历史人物，你看那江山依在，而那些历史人物呢？一个个都已经作古仙去了。因此，这首三行诗的标题“浪淘沙”就如内容部分所说的那样“人物史”。在它的荡涤下，多少历史人物已经远去。

思考题：

阅读下列三行诗，指出诗内哪个部分采用了活用典故的创作手法：

1. 云之两面性

翻云
覆
雨
(赵希斌)　　　　答案：＿＿＿＿＿＿＿＿

2. 夜雨来访

干渴的麦田
喜出
望外
(老厚)　　　　答案：＿＿＿＿＿＿＿＿

3. 红尘

一只沙漏
里面熙熙攘攘你推我搡
其实哪个不是走向漏口
(徐英才) 答案：____________________

4. 思乡

蝶
恋
花
(盛坤) 答案：____________________

5. 发小重逢

相
见
欢
(徐英才) 答案：____________________

6. 鱼满仓

渔
家
傲
(徐英才) 答案：____________________

7. 村妇集地

浣

溪

沙

(徐英才) 答案：＿＿＿＿＿＿＿＿＿＿

8. 忆江南

长

相

思

(徐英才) 答案：＿＿＿＿＿＿＿＿＿＿

三十八、诠释图意

诠释图意，就是在具化三行诗的叙述对象时，把你的叙述对象描绘成一幅暗含喻意的图画，然后就着这幅图对它进行升华，揭示它的喻意。用好诠释图意法的关键，是描绘出来的图画必须暗含与物象契合的喻意，喻意越是契合所描绘的图画，作品的升华就会显得越发自然生动。诠释图意法，可以使作品形象生动，常常令人拍案叫绝。

例1.

桥

用躺平的身躯
与河流组成"十"字
度了往来人
(闻达)

这首三行诗在选定“桥”这个叙述对象后，立即具象化它，用两行文字把它绘画成一幅“十”字图形：“用躺平的身躯/与河流组成‘十’字”，然后把幅图升华成“度了往来人”。我们知道，桥是用来“渡”人的，让人从此岸走到彼岸；而“十”字是基督教的象征，基督教也是用来度人的，把人从此岸度到彼岸，进入天堂。因此，这个十字图画就暗含了与“桥”这个物象不谋而合的契合点：度人到达彼岸。如果没有这个契合点，这最后一行的升华就无从谈起。

例2.

翅膀

左手拉着爸
右手拉着妈
我是一只会飞的鸟
(徐英才)

这首三行诗，在呈现“翅膀”这个叙述对象后，也立即具象化它，用两行文字把它描绘成一幅飞鸟图：“左手拉着爸/右手拉着妈”，然后把这个飞鸟图升华成“我是一只会飞的鸟”。一个孩子左手拉着爸右手拉着妈在路上走，从背后远远望去很像一只展开了双翅待飞的小鸟。鸟是会飞的。一个完整的家庭，父母和睦，对孩子的成长就像给孩子安上了翅膀。这个飞鸟图所暗含的喻意与物象契合，所以这个诠释图意法就用得十分贴切。

思考题：

阅读下列三行诗，指出诗内哪个部分采用了诠释图意的创作手法：

1. 老鹳

一个问号
插在水里　问浪下
有没有鱼
(残文)　　　　答案：＿＿＿＿＿＿＿＿

2. 感叹号

倒立了一生
每天都在感叹
那些容易弯曲的事物
(王立世)　　答案：＿＿＿＿＿＿＿＿

3. 弦月

用四分之一的光芒
织一根弦
倾诉世间的忧伤
(饶建娥)　　答案：＿＿＿＿＿＿＿＿

三十九、拼图造境

拼图造境，就是用文字来塑形，从而使诗内的文字不但表达字义，还表达图意。此外，文字塑造的图形，还常常能够营造一种意境，因此，拼图造境的创作手法如果用得好，可以用字义、图意，以及意境三重表达手段来深化读者对作品的印象。三行诗使用的字数有限，拼图手段不像非三行诗那么多。但是，如果拼图成功，图像则会简洁明了。用拼图造境的创作手法来写三行诗，关键是看拼出的图形是否生动形象，是否能够表现诗歌的主题。

例1.

她的心

西
　沉
月

(徐英才)

满月在中国文化里表示团圆，月牙象征缺失、分离。这首三行诗，用“西/沉/月”三个字拼成一个月牙形图画，让它承接诗歌的标题“她的心”，来表达女主人翁的心像西沉的月牙那样若有所失，暗示她的寂寞孤独，长夜难挨的心情。这首作品，用文字的含义与图形的含义双重手段营造了一个愁绪萦绕的意境。

例2.

帆船

风浪里的
海
　鸥

(徐英才)

这首三行诗只有六个字："风浪里的/海/鸥"。文字本身并没有多少深刻含义，甚至并没有什么主题思想，只是指出海鸥在风浪里飞行。但由于作者用这六个字拼出了一只海鸥飞翔的图形，就赋予了这首诗一种不畏艰险，勇往直前的意义，在读者的脑际里营造了一个海鸥在海浪上飞翔的意境。

思考题：

阅读下列三行诗，指出诗内哪个部分采用了拼图造境的创作手法：

1.

桥

水
上
丰　碑

(徐英才)　　　　　　答案：＿＿＿＿＿＿＿＿

2.

大风里

重
者
坚守底线

(徐英才)　　　　　　答案：＿＿＿＿＿＿＿＿

3.

盆松

带着铁镣
飞
翔

(徐英才)　　　　　　答案：＿＿＿＿＿＿＿＿

4.

看

是墙叠
什外罗
么面汉

(请竖读，非马)　　　　　　答案：＿＿＿＿＿＿＿＿

四十、连缀

连缀，是一种结构上的技法。它不同于递进法，递进是从一个意象递进到另一个意象，它改变了意象的内涵，叠加了前后两个意象的含义，但没有结构上的要求，因此属于意义上的技法。而连缀，并不改变前后两个意象的概念或者含义。连缀只是为了叙述的流畅，从一个物象连接到下一个意象，再从下一个意象连接到再下一个意象，使诗歌的行文一环紧扣一环。使用连缀的目的，是悄无声息地推动作品里场景的位移。连缀用得好，给人一种结构严密、节奏流畅、诗意攀升的感觉。

例1.

小巷

月　注视着老井
老井摇起一串记忆
记忆中走失的乡音 随了流云
(郑军科)

这首三行诗，采用了连缀的创作手法。作品开篇第一行说“月，注视着老井”；接着从“老井”引出第二行“老井摇起一串记忆”；接着再从“记忆”引出第三行“记忆中走失的乡音，随了流云(而去)”，从而取得了连续不断的效果：由“月”连到“老井”再从“老井”连到“记忆”再从“记忆” 连到“乡音”。这个连缀的创作手法，使作品中由天到地，由地到脑海的场景位移出现得十分自然流畅，因此整个作品给人一种稳定幽静的感觉。

例2.

那晚

月在云里走
云在湖中游
湖在你我心窗里涟漪
(徐英才)

这首三行诗，也采用了连缀的创作手法。开篇第一行采用白描手法说“月在云里走”；接着从“云”引出第二行“云在湖中游”；接着又从“湖”引出第三行“湖在你我心窗里涟漪”，从而取得了连缀的效果：由“月”连到“云”，再从“云”连到“湖”，再从“湖”连到“心窗”。这个连缀的创作手法，使作品中由“天”到“湖”，由“湖”到“心窗”的场景位移显得十分自然流畅。连缀手法，通常会使作品的行文节奏显得平稳，而平稳的行文节奏又会使作品呈现一种悠然的感觉。但这首作品的巧妙之处却在于，采用的是平稳的连缀手法而给出的则是反结构的效果：它静中有动，稳定中有不稳定，在作品结尾处，巧妙地给出一种心灵的波动：在这片平静悠谧的天地中，“湖在你我心窗里涟漪”，为什么涟漪？是因为这对恋人的心里泛着意味深长的波动。

思考题：

阅读下列三行诗，指出诗内哪个部分采用了连缀的创作手法：

1. 合众的力量

风掀起一个大浪
浪撞上一块礁石
礁石送出无数水花
(徐英才)　　　　答案：＿＿＿＿＿＿＿＿

2. 心思

溪水跑进河水
河水跑进海水
海水才能掀起大浪
(徐英才)　　　　答案：＿＿＿＿＿＿＿＿

四十一、重复

重复，就是在作品中重复使用某个字或者某个词甚至某个短语。我们知道，写作忌讳累赘，诗歌创作更是如此，因此我们一般不希望重复。但在三行诗的创作中，重复手法用得合理，会收到加深读者印象、加强作品主题思想的作用。

例1.

等雪

你出行那天下雪
明知你回家时不一定有雪
我仍期盼另一场雪
(徐英才)

很明显，这首三行诗采用了重复的创作手法，它每一行里都有一个“雪”字。通常来说，诗忌讳累赘，因此忌讳重复，但有意为之且用得合理的重复反而能取得强化作品的效果。这首诗里反复出现的“雪”字，加强了主题思想。这位妇人的丈夫出行那天正巧下雪。她思夫心切，脑海里总是出现那天她丈夫踏着纷飞大雪离别的情景，因此“雪”对她来说就是一个触发心灵的物象。她明明知道她丈夫回家之日不一定会下雪，但她仍然期盼着下雪，因为雪会把那天丈夫在她身边的情景带回来。描写心理活动通常需要较长篇幅，三行诗常常会微感力不从心，而这首三行诗描写的恰恰正是一种心理活动，而且写得很成功。

例2.

花的世界

无数雨花簇拥着
一朵油纸伞花　花下拢着
一对盛开的心花
(徐英才)

这首三行诗，呈现的是一对热恋中的男女。他俩如此幸福以至于他们满眼看到的都是像花一样的美好。在他们眼中，这是一个花的世界。显而易见，这首诗采用了重复的手法创作而成，包括标题，它每一行里都有一个“花”字，给人满诗皆“花”的印象，从而用重复的手法加强了作品的主题思想：一对恋人在雨中观景，因为他们相爱着，他们眼里看出的一切都是美好的“花”的景象：雨也是花，伞也是花，他俩的心也盛开了花，这真是一个花的世界！

思考题：

阅读下列三行诗，指出诗内哪个部分采用了重复的创作手法：

1. 点燃

寒风，从雪地里吐出梅
梅举着火
焰，向寒风招摇

(黄棘)　　　　　　　　答案：＿＿＿＿＿＿＿＿＿＿

2. 雪

瓦凉瓦凉的惭愧——
春风交的是画卷，秋风交的是残卷
而我交的是白卷
(天端)　　　　　　　　答案：＿＿＿＿＿＿＿＿＿＿

3. 礁石

海浪鞭打你噬咬你
伤痕累累的你依然挺立
你感谢浪的花朵 为你只要美丽
(沈竞雄)　　　　　　　答案：＿＿＿＿＿＿＿＿＿＿

4. 远方

一个用意念建造的别墅
一个居住童话和诗歌的国度
一个只为你闪烁的星座
(沈竞雄)　　　　　　　答案：＿＿＿＿＿＿＿＿＿＿

四十二、反问

有时，我们在揭示作品的主题思想时，觉得语气不够强烈，为了增强它的力度，我们可以使用一个反问的创作手法，来强化它。用以强化主题思想的反问，虽然通常发生在作品的升华阶段，但它是建立在作品具化阶段相关描写的基础上的，是针对作品具化阶段所描写的现象加以反问。所以，升华阶段的反问是否能够用好，主要看具化阶段的埋设是与反问切切相关。

例1.

眼睛

一只盯钱　另只盯权
用哪只
审视自己
(部玉萍)

这是一首哲理诗，它通过对眼睛的描写指出了某些人的自私自利。为了强化这个主题思想，作品没有平铺直叙，直截了当地描写此人如何如何自私自利，而是在具化作品的叙述对象时，先描绘他眼睛里看到的是唯利是图：“一只盯钱，另只盯权”，而后在升华作品的主题思想时，针对这些现象，通过反问“用哪只/审视自己”来强化作品的这个主题思想。其言下之意就是，你两只眼睛都用来满足自己的私欲，那么，还剩下哪只来审视自己呢？——没有，因此，你是一个极度自私恋权，从不思考底线的人。

例2.

梅

知你，莫如雪
没它从九霄赶来
你还能火红地燃烧吗?
(徐英才)

这首三行诗，以雪对梅的映衬作用，揭示知己者不辞辛劳、舍身助友的喻意。为了强化雪对梅的这个喻意，作品在具象化诗的叙述对象“梅”时，首先点化清楚两者之间的友谊关系“知你，莫如雪”。然后在这个基础上，在升华作品的主题时，反问说“没它（雪）从九霄赶来/你（梅）还能火红地燃烧吗?”。这一反问，强化了雪对梅花的烘托扶助作用：梅之所以火样般的红，是因为雪的映衬，从而强化了作品的主题思想，揭示了知己者不辞辛劳、舍身助友的喻意。

思考题:

阅读下列三行诗，指出诗内哪个部分采用了反问的创作手法:

1. 气球

谁在暴殄天物?
那些在欢呼和庆典中放飞的使节
如今安能考古一个?

(天端)　　答案：________________

2.　烟

吸进去，吐出来
是你驾着它神游
还是它控制了你
(徐英才)　　答案：________________

3.　分手

掩着脸转身
颤抖的双肩在暮色中呻吟
谁说 背影没有表情
(沈竞雄)　　答案：________________

4.　论文

西人把论文称作“纸”
难道其中很多
不是纸吗
(徐英才)　　答案：________________

技巧篇思考题答案

十、化抽象为实像 P145-147

1. 《人生》“就像路旁的马啮苋/被光阴/反复咀嚼”：用明喻“就像路旁的马啮苋”化抽象的“人生”为实像的“马啮苋”。
2. 《父爱》“如海/荡起我人生之舟/越过险滩和激流”：用明喻“如海”化抽象的“父爱”为实像的“海”。
3. 《坚强》“是悬崖上的瀑布/一边流着眼泪/一边挺起胸膛”：用暗喻“是悬崖上的瀑布”化抽象的“坚强”为实像的“瀑布”。
4. 《命运》“人生万花筒/转出/陆离光怪”：用省略了比喻词“是”的暗喻“命运/人生万花筒”化抽象的“命运”为实像的“万花筒”。
5. 《思念》“一把刀横在心口/被远方的人牢牢握住/稍有动静就隐隐作痛”：用省略了比喻词“是”的暗喻“一把刀横在心口”化抽象的“思念”为实像的“刀”。
6. 《孤独》“是座岛/睁开双眼/即拥有无垠的海”：用暗喻“是座岛”化抽象的“孤独”为实像的“人”
7. 《惆怅》“曲折的小路/在我体内蜿蜒/却始终延伸不到我的远方”：用暗喻“曲折的小路”化抽象的“惆怅”为实像的“小路”。

十一、化实像为抽象 P151-152

1. 《蝴蝶》“多情的化身/沿着你的飞行轨迹走去/一定能找到 绽放的美丽”：用定义法“多情的化身”化实像的“蝴蝶”为抽象的“多情的化身”。
2. 《拒绝冬眠的蛇》“一条寂寞/在荒芜里不停游走/严冬，无法剥夺它的思索”：用定义法“一条寂寞”化实像的“蛇”为抽象的“寂寞”。
3. 《稻草》“出身卑微/编织起来/度过多少人到达远方”：用解释的方法“出身卑微”化实像的“稻草”为抽象的“卑微”。
4. 《落叶》“捡一片金色的秋/看生命的象形文字/沧海横流”：用比喻的手法“捡一片金色的秋”化实像的“落叶”为抽象的“秋”。

十二、化此像为彼像 P155-157

1. 《夕阳》“红如陈年浊酒/什么滋味/都有”：用一个明喻“夕阳/红如陈年浊酒”化实像的“夕阳”为另一个实像的“浊酒”。
2. 《心》“乱得像树杈/梢尖遥望牛郎织女星/不见鹊桥 ”：用一个明喻“心/乱得像树杈”化实像的“心”为另一个实像的“树杈”。
3. 《帆》“船的耳朵，竖起/听/风云传奇”：用一个省略了比喻词“像”的明喻

“船的耳朵竖起”化实像的“帆”为另一个实像的“耳朵”。

4. 《月牙》“是只犀角/这边是我/那边是你“：用一个暗喻“是只犀角”化实像的“月牙”为另一个实像的“犀角”。
5. 《母亲额上的皱纹》“是琴弦/颤动着游子/多少乡愁”：用一个暗喻“母亲额上的皱纹/是琴弦”化实像的“皱纹”为另一个实像的“琴弦”。
6. 《大海》“是梦的收藏家/也是颠覆者/请听海浪细说”：用一个暗喻“大海/是梦的收藏家”化实像的“大海”为另一个实像的“收藏家”。
7. 《光》“一头犟牛/从不绕道，从不回头/直到撞上南墙”：用一个省略了比喻词“是”的暗喻“光/一头犟牛”化实像的“光”为另一个实像的“一头犟牛”。
8. 《括号》“思念的眸光 镂空玉盘/一个月牙 寄回故里/一个月牙 牵我进梦乡”：用一个博语“括号/思念的眸光 镂空玉盘”化实像的“括号”为另两个实像的“眸光”和“玉盘”。

十三、化物为事 P160-161

1. 《桂花》“开在嫦娥窗口/每天/为思乡补妆”：化“桂花”这个物为“开在嫦娥窗口”这件事。
2. 《桥》“放下身段/握手/言和”：化“桥”这个物为“放下身段”这件事。
3. 《狗尾巴草》“茸茸小手，在农村留守/等那些痒从城里回来/再拉一次勾勾”：化“狗尾巴草”这个物为“在农村留守”这件事。
4. 《北方的春花》“蓓蕾，迟迟不肯解开紧身衣/慢性子舞步/总跟不上江南鼓点”：化“北方的春花”这个物为“迟迟不肯解开紧身衣”这件事。
5. 《龟》“每次缩头/都是心火/在生命水银柱上的减速”：化“龟”这个物为“每次缩头”这件事。

十四、化事为物 P164-165

1. 《表白》“一个躺在心房的名词/当它站起来的时候/我希望 成为你的宾语”：化“表白”这件事为“一个躺在心房的名词”这个物。
2. 《喝茶》“夭折的嫩绿/在清澈里复活/我若有所思 静看你的沉浮”：化“喝茶”这件事为“夭折的嫩绿”这个物。
3. 《撞响秋天》“在火热与苍凉的罅隙/一片黄叶/正吹亮生命的颤音”：化“撞响秋天”这件事为“在火热与苍凉的罅隙”这个物。
4. 《绘画》“蘸华夏之墨/描一湾/宋词光波”：化“绘画”这件事为蘸华夏的“墨”这个物。

十五、化物为人 P168-170

1. 《蒲公英》“一颗漂泊的心/浪迹天涯/只为一个家族的壮大”：用一个省略了比喻词“是”的暗喻化“蒲公英”这个物为人体的一部分“心”。
2. 《牵牛花》“性感的唇　水蛇腰/一路吹着小喇叭/爬了那么高”：用描绘手法化“牵牛花”这个物为一个女人。
3. 《云的自白》“一生漂泊/不知何处是归宿/伤心时　只有抱紧自己哭”：用描绘手法化“云”这个物为人。
4. 《瀑布》“舍身一跃/也/精彩”：用一个动词“跃”字化“瀑布” 这个物为人。
5. 《二胡》“俩/才能/互述衷肠　妮妮动人”：用一个“俩”字化“二胡”这个物为人。
6. 《春天来信了》“二月/握一杆梅花笔/狂草她在丛中笑”：用拟人手法化“二月” 这个物为人，说它握了一支笔。
7. 《光》“哪怕一路荆棘/永远大步直直地走/从不退却，从不绕道”：用整首诗化“光”这个物为人。
8. 《老樟树》“遍体的伤/是攀登九霄的天途中/留下的”：用整首诗化“老樟树”这个物为人。

十六、化人为物 P173-174

1. 《父亲》“一根扁担，已熬至退休/拐杖，替补上岗/——陪您慢慢变老“：用一个省略了比喻词“是”的暗喻化“父亲”这个人为“扁担”这个物。
2. 《老友》“一坛/水浓于血的/陈酿”：用整首诗化“老友”这个人为“陈酿”这个物。
3. 《女儿》“一朵长大的奶香/绽放出最柔的绒毛/成了暖人心肺的小棉袄”：用一个省略了比喻词“是”的暗喻化“女儿”这个人为“奶香”这个物。

十七、物人混用 P177-178

1. 《山径》“甩起长鞭/岭上，洁白羊群/啃着青青的天”：“山径”为物，“甩”为人的行为，所以这里物人混用。
2. 《陀螺》“父亲/不停地抽动它/是爱”：“它”为物，“爱”用于人，所以这里是物人混用。
3. 《昙花》　“睁开花的明眸/看到这满尘的世界/当天就谢去了”：“昙花”为物，“睁开”与“看到”为人的行为，所以这里物人混用。
4. 《蝉悟》“面壁参天大树/禅修到脱胎换骨/进入空中”：“蝉”为物，“面壁”与“禅修”为人的行为，所以这里物人混用。
5. 《秋》“晚风，衔来一轮圆月/摇着柳树臂膀/抖落，一片又一片的相思”：“一片又一片”指叶子，“叶”为物，“相思”为人的情绪，所以这里是物人混用。

十八、抽除空间 P181-182

1. 《桂花》“开在嫦娥窗口/每天/为思乡补妆”：抽除了“桂花”与月亮“窗口”之间的空间。
2. 《山径》“甩起长鞭/岭上，洁白羊群/啃着青青的天”：抽除了“羊群”与“天”之间的空间。
3. 《英雄碑》“傲骨一根/捅破/天”：抽除了“傲骨（英雄碑）”与“天”之间的空间。
4. 《长江说》“谁也没我的剑犀利/一洪劈开/南北、温寒、还有将与才”：用“一洪”抽除了“南”与“北”、“温暖之地”与“寒冷之地”，“将军之地”与“才子之地”之间的空间。
5. 《老农》“一把锄头/硬是把太阳从东边拽到西边/然后揣着月牙下山”：抽除了“锄头”与“太阳”以及“锄头”与“月亮”之间的空间。

十九、压缩时间 P184-186

1. 《历史》“走着走着/后脚一抬起/前脚就成了你”：把历史比作“前脚”与“后脚”的交替来压缩时间。
2. 《黄河》“二胡曲/时而悠扬、时而跌宕/曲尽五千年自强史”：把“黄河”比作“二胡曲”来压缩时间。
3. 《蝉鸣》“近两千年/此岸/红尘依旧熙攘”：用“蝉鸣/近两千年”来比喻自汉代以来禅宗流传到中国至今来压缩时间。
4. 《一声夯号》“喊出诗经、楚辞、十九首/唐诗、宋词、新诗/还有今天的三行”：用排列中国诗歌的形式来压缩中国诗歌史这个漫长的时间。
5. 《网不同》“伏羲发明的鱼网/和大白发明的铁网/跟人类文明都有关吗”：用“网”点明远古与当今的方法来压缩时间。
6. 《人》“一辈子都在赶路/自行车上、键盘上....../赶着赶着，就到了点”：用排列的方法来压缩时间。

二十、先扬后抑 P188-189

1. 《秋叶》“辉煌后/伴着风鸣的安魂曲/飘向无垠”：用“辉煌”先扬，然后用“伴着风鸣的安魂曲/飘向无垠”再抑。
2. 《珍珠》“世人皆知它的宝贵谁知蚌之痛/始于一粒沙的磨砺”：用“宝贵”先扬，然后用“痛”与“磨砺”再抑。
3. 《高升》“平步青云后/晴雨/依旧要看老天的脸色”：用“平步青云”先扬，然后用“要看老天的脸色”再抑。
4. 《祈祷》“静坐千年，大慈大悲/可知脚下的蚂蚁/眼泪在飞”：用“大慈大悲”先扬，然后用“蚂蚁/眼泪在飞”再抑。
5. 《情场》“杨柳依依/流水无情，交织成/一幕幕爱恨绝唱”：用“杨柳依依”先扬，然后用“爱恨绝唱”再抑。

二十一、先抑后扬 P 192-193

1. 《卷笔刀》“你告诉笔——/锋芒，会从一堆卷缩中/独立而出” ：用“一堆卷缩中”先抑，然后用“锋芒......独立而出”再扬。
2. 《残荷》“颜值，虽不如当初/但那条筋骨/却始终，扎根于泥土” ：用“颜值，虽不如当初”先抑，然后用“筋骨/却始终，扎根于泥土”再扬。
3. 《磨刀石》“如果，你鄙视它的粗俗/嘲讽它的迟钝/就请看看刀的锋芒” ：用“鄙视它的粗俗”和“嘲讽它的迟钝”先抑，然后用“请看看刀的锋芒”再扬。
4. 《面对长城》“我的诗 不需要这么长/但要硬过砖，我要把满头沙尘暴的天空/砸出蓝色来”：用“不需要这么长”先抑，然后用“硬过砖”和“砸出蓝色来”再扬。
5. 《雪》“谦虚得悄无声息/严寒里开出冰花/温热里汇成流淌” ：用“谦虚得悄无声息”先抑，然后用“严寒里开出冰花”和“温热里汇成流淌”再扬。

二十二、对比反衬 P195-197

1. 《并非传说》“没见过铁棒磨成针/见过，母亲用数十个寒暑/磨陷了衣板上的木棱”：用“没见过”反衬“见过”。
2. 《坚强》“是悬崖上的瀑布/一边流着眼泪/一边挺起胸膛”：用“流泪”反衬“挺起胸膛”。
3. 《人》“一撇一捺易写/站立成人/难”：用“易写”反衬“站立成人/难”。
4. 《春风》“昨晚逗得杏花白/今晨又惹桃花红，明天/能否摇醒 故乡梦”：用“昨夜......白”反衬“今晨......红”。
5. 《晨景》“雾/掩住了大厦、高架、天桥/掩不住霓虹闪烁、车灯川流……”：用“掩住......”反衬“掩不住......”.
6. 《归》“白雪/黑伞/朝迷蒙深处的炊烟游动”：用雪的“白”反衬伞的“黑”。

二十三、以小呈大 P199-200

1. 《露珠》“一滴露，躺在草儿的怀里/撒娇/映出万千春梦”：以“露”的小呈现“万千春梦”的大，
2. 《网路》“屏幕上环游/位移是零/却路过世界”：以“位移是零”的小呈现“世界”的大。
3. 《小鸟》“心很小，翅膀上/却驮着/无垠的天空”：以“心”的小呈现“天空”的大。
4. 《二胡独奏》“弦上/奔腾着/千军万马”：以“弦”的小呈现“千军万马”的

大。

5. 《油菜花开》“霜雪溃退，天渐放蓝/纸鸢不时打探/我那后山屯守的金甲十万”：以“纸鸢”的小呈现“金甲十万”的大。

二十四、以大衬小 P202-203

1. 《萤火虫》“在无边的黑色画布上/画着蓝色的/梦”：用“无边......的黑色画布”的大来衬“萤火虫”的小。
2. 《情到深处》“一对白天鹅交颈/羞红/满湖的晚霞”：用“满湖的晚霞”的大来衬“一对白天鹅”的小。
3. 《那只羊》“站在贫瘠的峭壁上/瞭望边界墙那边的/肥沃草原”：用“肥沃草原”的大来衬“那只羊”的小。
4. 《街景》“雨后的马路/车轹，碾碎了一地的星星/只有一个盲人，在认真做着星探”：用“一地的星星”的大来衬“一个盲人......做星探”的小。

二十五、反常理而行之 P206-208

1. 《祈祷》“静坐千年，大慈大悲/可知脚下的蚂蚁/眼泪在飞”：菩萨“大慈大悲”是常理，“眼泪在飞”是反其道而行之。
2. 《高升》“平步青云后/晴雨/依旧要看老天的脸色”：“平步青云后（气化的水升到蓝天）”是常理，“晴雨/依旧要看老天的脸色”是反其道而行之。
3. 《并非传说》“没见过铁棒磨成针/见过母亲用数十个寒暑/磨平了衣板上的木棱”：“没见过铁棒磨成针”是常理，“见过母亲用数十个寒暑/磨平了衣板上的木棱”是反其道而行之。
4. 《稻草》“出身卑微/编织起来/度过多少人到达远方”：“稻草/出身卑微”是常理，“度过多少人到达远方”是反其道而行之。
5. 《订书针》“小得无足轻重/但毕生聚拢的/都不无价值”：“订书针/小得无足轻重”是常理，“聚拢的/都不无价值”是反常理而行之。
6. 《鱼的世界》“轻摇慢摆中/紧绷着/提防”：“轻摇慢摆”是常理，“紧绷着/提防”是反常理而行之。

二十六、顺悖论而出乎意料 P210-212

1. 《驯马师》“无需缰绳马鞭/两根银线，一束马尾/万马奔腾，排山倒海”：“无需缰绳马鞭/两根银线，一束马尾”让马跑是悖论，“万马奔腾，排山倒海”是出乎预料。
2. 《枫叶颂》“即使，剩下最后/那滴血/也要染红江山”：枫叶没有血，“即使，剩下最后/那滴血”是悖论，“也要染红江山”是出乎预料。
3. 《风景》“无风，哪来景/不然/为何游人趋之若鹜”：风景不是指“风”的

“景”，是指景色，因此“无风，哪来景”是悖论，“不然/为何游人趋之若鹜”是出乎预料。

4. 《父亲》“一根筋/不让我在田里耕地/要我在文字里耕耘”：“父亲/一根筋/不让我在田里耕地”是悖论，“要我在文字里耕耘”是出乎预料。
5. 《蝴蝶》“生来并无翅膀/用牙/为自己开脱了一条通天的路”：“蝶/生来并无翅膀”是悖论，“用牙/为自己开脱了一条通天的路”是出乎预料。
6. 《粽子》“裹在里面的/不是米/是我掰不散的乡愁”：“裹在里面的/不是米”是悖论，“是我掰不散的乡愁”是出乎预料。

二十七、导出结果 P214-216

1. 《命运》“人生万花筒/转出/陆离光怪”：“命运/人生万花筒”是因，“转出/陆离光怪”是果。
2. 《人情》“经线是火，纬线是冰/网里跳动的是/疲惫的心”：“经线是火，纬线是冰”是因，“网里跳动的是/疲惫的心”是果。
3. 《大与小》“面朝阳光/再小的花/也灿烂”：“面朝阳光”是因，“也灿烂”是果。
4. 《人生抉择》“背阳路/才会走在/阴影里”：“背阳路”是因，“走在/阴影里”是果。
5. 《气压锅》“不停加火/一旦找到气口/当然怒气冲天，一涌而出””：“不停加火/一旦找到气口”是因，“当然怒气冲天，一涌而出”是果。
6. 《柿子红》“阳光越积越厚/心/软了，甜了”：“阳光越积越厚”是因，“心/软了，甜了”是果。
7. 《蝴蝶》“喜欢也不要去逮/种一片花/它自然就来”：“种一片花”是因，“它自然就来”是果。
8. 《望天树》“生性莫不作声/只顾汲取养分/才冲入云霄”：“生性莫不作声/只顾汲取养分”是因，“才冲入云霄”是果。

二十八、道出原因 P218-219

1. 《往事又浮现》“满桌子的山珍和海味/我却没胃口/想起，喂大童年的窝窝头。”：“我却没胃口”是果，“想起，喂大童年的窝窝头”是因。
2. 《凋殒》“很庄严，一朵樱花凋坠了/很肃穆，一个生命陨灭了/一切来自泥土，最终又回归泥土”：“樱花...... 凋坠”和“生命陨灭”是果，“一切来自泥土，最终又回归泥土”是因。
3. 《老樟树》“遍体的伤/攀登九霄的天途中/留下的”：“伤”是果，“攀登九霄的天途中/留下的”是因。
4. 《芦花》“脚，踩在泥塘里/头，也要扬起/趴下就再也飞不起来””：“脚，踩在泥塘里/头，也要扬起”是果，“趴下就再也飞不起来”是因。

二十九、再赋新意 P221-222

1. 《立春》“捡几声鸟儿的鸣叫/雪融处/春，站了起来”：用“春，站了起来”赋予“雪融处”以春的新意
2. 《收获》“一滴滴汗水滴下/被农民伯伯拾起时/已经变成了黄金” ：用“已经变成了黄金”赋予“......汗水滴下/......拾起时”以金子的新意。
3. 《意象丛林里》“每片落叶每枚落果/撞入一双灵视的瞳孔/都可能在瞬息间 转世成诗” ：用“转世成诗”赋予“每片落叶每枚落果”以诗的新意
4. 《暗夜》“渐渐淹没/高高的群楼/它们用一个个窗亮撕开了它”：用“窗亮撕开了它”赋予“暗夜”以亮的新意

三十、留白 P224-226

1. 《听风》“侧耳，回眸/门环正背靠着背/谈论一段上了锈的往事”： “谈论一段上了锈的往事”，什么往事？留白给读者自己去思考。
2. 《晨景》“雾/掩住了大厦、高架、天桥/掩不住霓虹闪烁、车灯川流......”：省略号里还有什么？留白给读者自己去思考。
3. 《小满》“麦穗鼓起肚子/一只蝴蝶凑过来/侧耳倾听胎动的声音”：什么声音？留白给读者自己去思考。
4. 《秋叶》“辉煌后/伴着风鸣的安魂曲/飘向无垠”： “飘向无垠”， “无垠”是哪里呢？留白给读者自己去思考。
5. 《听雪》“白雪、黑伞、一对偎依的背影/扑簌簌的/是雪声还是心跳”：到底是什么？留白给读者自己去思考。
6. 《等待》“她在站台上/焦急地等待/车把她送到心轨交汇的远方”： “交汇处”是哪里？留白给读者自己思考。

三十一、暗示 P228-230

1. 《夏日山村》“绿肥，也遮挡不住秘密/颗颗青果已暴露/该如何商议，压弯秋天的腰 ”：用“商议，压弯秋天的腰”暗示埋设在“绿肥，也遮挡不住秘密/颗颗青果已暴露”里的丰收。
2. 《芦苇》“顶戴花翎/高高地仰着头/水在它脚下默不作声”：用“水在它脚下默不作声”暗示埋设在“顶戴花翎/高高地仰着头”里的傲气。
3. 《春意萌动》“柳蔄芽，不再遮遮掩掩/集聚田间地头/酝酿，如何在三月发起攻势” ：用“酝酿，如何在三月发起攻势”暗示埋设在“柳蔄芽，不再遮遮掩掩/集聚田间地头”里的丰收。
4. 《在中国银行》“钱是一部法典/存钱的，不是父亲/欠钱的，才是” ：用“欠钱

的，才是”暗示埋设在“钱是一部法典/存钱的，不是父亲”里的不合理现象。

5. 《黄河》“蜿蜒、奔腾、金灿灿/它到底是条江还是龙/地质学家这样说，历史学家那样说”：用“地质学家这样说，历史学家那样说”暗示埋设在“蜿蜒、奔腾、金灿灿/它到底是条江还是龙”里的黄河与中国历史的溯源。
6. 《微笑》“对视。你的翠池/翻卷花浪，我一不小心/深深陷入那漩起的酒涡”：用“我一不小心/深深陷入那漩起的酒涡”暗示埋设在“对视。你的翠池/翻卷花浪”里的爱慕。
7. 《衣板》“母亲搓塌的木棱/去了哪里/——她的那根拐棍”：用“去了哪里/——她的那根拐棍”暗示埋设在“母亲搓塌的木棱”里母亲的辛劳。

三十二、象征 P234-236

1. 《诗情》“路在我脚下走着/河在我体内流着/路没走到尽头，河就一直流”：这里的“路”象征人生，“河”象征写诗。
2. 《两只蝴蝶》“缠绵在鸢尾花上/那是从十八里长亭/飞来的？”：这里的“十八里长亭”告诉我们“蝴蝶”象征梁山伯与祝英台。
3. 《与风说》“脚步别太紧别太急/老屋内烛火羸弱/再也经不起接连咳嗽”：这里的“烛火”象征父母。
4. 《影》“她静立在窗前，突然/猛地拉开整个夜幕/我的世界一下子亮了”：这里的“夜幕”象征遮挡爱情的幕布。
5. 《夕阳》“红如陈年浊酒/什么滋味/都有”：这里的“陈年浊酒”象征人生。
6. 《灯罩》“为了给下层更多的光/你遮住了/向上层的照射”：这里的“你”象征一个优秀的领导。
7. 《信号灯故障》“那个十字路口/父亲向左走，母亲向右走/我在原地，等不到绿灯”：这里的“信号灯”象征父母的关系。
8. 《净心》“枭雄弄潮/渔樵煮酒/都躲不过浪花”：这里的“浪花”象征历史的潮流。
9. 《山与河》“不知是河缠山/还是山护着河/总之，它俩在一起是道亮丽风景”：这里的“山”与“河”象征恋爱中的男女。

三十三、双关 P238-239

1. 《锅铲》“你说这是你的课本/翻来覆去/就是为了把生的弄成熟的”：这里的“翻来覆去”是双关，既指翻炒食物也指翻书本。
2. 《柿子》“谁/家/红——了”：这里的“红”是双关，既指“柿子”也指种植柿子的人家也火红了起来。
3. 《分手》“阳光离去后/一直阴云密布/毫无晴意”：这里的“毫无晴意”是双关，既指天气也指男女关系。
4. 《流星》“出轨！/堕/落”：这里的“堕落”是双关，既指“流星”也指人。

三十四、递进 P243-244

1. 《麻将牌》“把日子砌起来/打出去/最后手上留下一张白板”：这里，作品把“日子”递入麻将“打出去”，再递入剩下的那只“白板”。
2. 《城市诱惑》“祖孙三代的汗水流成河/我泅渡到霓虹的深处/乡愁在方言中咳血”：这里，作品把“祖孙三代”递入“汗水流成（的）河（喻辛劳），再递入“霓虹灯的深处（喻城市）。
3. 《灵感》“核仁形云层里迸出一道闪电/无数惊马从高山、林莽....../奔向诗的远方”：这里的“闪电（喻灵感）”驱使“惊马（意象）”前往“诗的远方（喻创作诗歌）”。

三十五、混喻 P247-248

1. 《岁月》“驱走了/我童年时/在云海里圈养的宠物”：作品把时间使我失去了童心比作“驱走了/我童年时/在云海里圈养的宠物”，这里的“宠物”指他儿时能在云彩里看到的动物形象。
2. 《看书》“一手托起鲲/一手扇动鹏翅/乘着它，傲游星空海角”：作品把“书”比作“鲲”，把“翻书”比作“扇动鹏翅”，把书本可以开阔视野比作“傲游星空海角”
3. 《缺席的时空》“把襁褓凝固在视窗里/让缺席的记忆/在未来返回席位”：作品把拍摄婴儿比作“把襁褓凝固在视窗里”，把婴儿长大后不了解他从前的成长过程比作“让缺席的记忆”，把通过看照片来了解他的过去比作“在未来返回席位”。
4. 《黎明》“夜，开始分娩/一个颠覆基因的伟大婴儿/即将诞生”：作品把从“夜”到黎明这个过程比作“分娩”，把太阳即将升起比作“一个颠覆基因的伟大婴儿”，把太阳即将升起比作“即将诞生”。
5. 《思维》“一匹脱缰的马/狂奔在辽阔的草原/一叶小舟，在向彼岸悄悄偷渡”：作品把“思维”比作“一匹脱缰的马”，把思绪比作“狂奔在辽阔的草原”上，把一个主意或者一个灵感比作“一叶小舟，在向彼岸悄悄偷渡”。

三十六、夸张 P250-251

1. 《长江说》“谁也没我的剑犀利/一洪劈开/南北、温寒、还有将与才”：“南北”、“温寒”、“将与才”不是洪水能够劈开的，所以它们是夸张。
2. 《书》“一手托起鲲/一手扇动鹏翅/乘着它，傲游星空海角”：把书比作“鲲”和“鹏”，把看书比作“傲游星空海角”是夸张。
3. 《落日》“风脱掉战靴。沙粒成金。夕阳跪/在小河旁，一遍一遍清洗/手上的血色”：把“风“比作”脱掉战靴”，把“夕阳”描写成“跪/在小河旁”，把“夕阳”色比作“血色”都是夸张。

三十七、活用典故 P254-256

1. 《云之两面性》“翻云/覆/雨”：“翻云覆雨”是成语。
2. 《夜雨来访》“干渴的麦田/喜出/望外”：“喜出望外”是成语。
3. 《红尘》“一只沙漏/里面熙熙攘攘你推我搡/其实哪个不是走向漏口”：“熙熙攘攘”和“你推我搡”是成语。
4. 《思乡》“蝶/恋/花”：“蝶恋花”是词牌名。
5. 《发小重逢》“相/见/欢”：“相见欢”是词牌名。
6. 《鱼满仓》“渔/家/傲”：“渔家傲”是词牌名。
7. 《村妇集地》“浣/溪/沙”：“浣溪沙”是词牌名。
8. 《忆江南》“长/相/思”：“长相思”是词牌名。

三十八、诠释图意 P258-259

1. 《老鹳》“一个问号/插在水里，问浪下/有没有鱼”：“老鹳”弓着一只脚站水里就像一个问号，用“问浪下/有没有鱼”来诠释问号的图意。
2. 《感叹号》“倒立了一生/每天都在感叹/那些容易弯曲的事物”：“感叹号”的形象是头朝下挺立着，用“......惊叹“那些容易弯曲的事物”来诠释图意感叹号的图意。
3. 《弦月》“用四分之一的光芒/织一根弦/倾诉世间的忧伤”：“弦月”成月牙形。满月表示团圆，月牙表示缺失，用“倾诉世间的忧伤”来诠释“弦月”这个图意。

三十九、拼图造境 P261-262

1. 《桥》“水/上/丰碑”：用文字拼了一个“水上丰碑”的图。
2. 《大风里》“重/者/坚守底线”：用文字拼了一个“重者坚守底线”的图。
3. 《盆松》“带着铁镣/飞/翔”：用文字拼了一个“盆松飞枝”图。
4. 《看》“叠罗汉/墙外面/是什么”：用文字拼了一个人伸出头看墙外的图。

四十、连缀 P264-265

1. 《合众的力量》“风掀起一个大浪/浪撞上一块礁石/礁石送出无数水花”：这里从“风”到“浪”到“石”到“水花”是连缀。
2. 《心思》“溪水跑进河水/河水跑进海水/海水才能掀起大浪”：这里从“溪水”

到“河水”到“海水”到“大浪”是连缀。

四十一、重复 P267-268

1. 《点燃》“寒风，从雪地里吐出梅/梅举着火/焰，向寒风招摇”：“梅”字重复。
2. 《雪》“瓦凉瓦凉的惭愧——/春风交的是画卷，秋风交的是残卷/而我交的是白卷”：“卷”字重复。
3. 《礁石》“海浪鞭打你噬咬你/伤痕累累的你依然挺立/你感谢浪的花朵，为你只/要美丽”：“你”字重复。
4. 《远方》“一个用意念建造的别墅/一个居住童话和诗歌的国度/一个只为你闪/烁的星座”：“一个”重复。

四十二、反问 P 270-271

1. 《气 球》“谁在暴殄天物?/那些在欢呼和庆典中放飞的使节/如今安能考古一个?”：“如今安能考古一个”是反问。
2. 《烟》“吸进去，吐出来/是你驾着它神游/还是它控制了你”：“还是它控制了你”是反问。
3. 《分手》“掩着脸转身/颤抖的双肩在暮色中呻吟/谁说，背影没有表情”：“谁说，背影没有表情”是反问。
4. 《论文》“西人把论文称作“纸”/难道其中很多/不是纸吗”：“难道其中很多/不是纸吗”是反问。

www.ingramcontent.com/pod-product-compliance
Lightning Source LLC
LaVergne TN
LVHW021939220826
846092LV00010B/1179

* 9 7 9 8 8 6 8 9 1 8 8 8 9 *